Luiz Henrique Biazotto
Alexandre de Assis Mota
Lia Toledo Moreira Mota

Consumo de energia e qualidade do serviço em redes IEEE802.11

AF154065

Luiz Henrique Biazotto
Alexandre de Assis Mota
Lia Toledo Moreira Mota

Consumo de energia e qualidade do serviço em redes IEEE802.11

Redes IEEE802.11 - Eficiência Energética

Novas Edições Acadêmicas

Impressum / Impressão
Bibliografische Information der Deutschen Nationalbibliothek: Die Deutsche Nationalbibliothek verzeichnet diese Publikation in der Deutschen Nationalbibliografie; detaillierte bibliografische Daten sind im Internet über http://dnb.d-nb.de abrufbar.
Alle in diesem Buch genannten Marken und Produktnamen unterliegen warenzeichen-, marken- oder patentrechtlichem Schutz bzw. sind Warenzeichen oder eingetragene Warenzeichen der jeweiligen Inhaber. Die Wiedergabe von Marken, Produktnamen, Gebrauchsnamen, Handelsnamen, Warenbezeichnungen u.s.w. in diesem Werk berechtigt auch ohne besondere Kennzeichnung nicht zu der Annahme, dass solche Namen im Sinne der Warenzeichen- und Markenschutzgesetzgebung als frei zu betrachten wären und daher von jedermann benutzt werden dürften.

Informação biográfica publicada por Deutsche Nationalbibliothek: Nationalbibliothek numera essa publicação em Deutsche Nationalbibliografie; dados biográficos detalhados estão disponíveis na Internet: http://dnb.d-nb.de.
Os outros nomes de marcas e produtos citados neste livro estão sujeitos à marca registrada ou a proteção de patentes e são marcas comerciais registradas dos seus respectivos proprietários. O uso dos nomes de marcas, nome de produto, nomes comuns, nome comerciais, descrições de produtos, etc. Inclusive sem uma marca particular nestas publicações, de forma alguma deve interpretar-se no sentido de que estes nomes possam ser considerados ilimitados em matérias de marcas e legislação de proteção de marcas e, portanto, ser utilizadas por qualquer pessoa.

Coverbild / Imagem da capa: www.ingimage.com

Verlag / Editora:
Novas Edições Acadêmicas
ist ein Imprint der / é uma marca de
OmniScriptum GmbH & Co. KG
Heinrich-Böcking-Str. 6-8, 66121 Saarbrücken, Deutschland / Niemcy
Email / Correio eletrônico: info@nea-edicoes.com

Herstellung: siehe letzte Seite /
Publicado: veja a última página
ISBN: 978-3-639-83888-6

Copyright / Copirraite © 2015 OmniScriptum GmbH & Co. KG
Alle Rechte vorbehalten. / Todos os direitos reservados. Saarbrücken 2015

Dedicatória

Aos meus pais, Irineu Biazotto e Conceição F. Biazotto que me incentivaram a continuar os estudos, à minha querida irmã Rosângela Ap. Biazotto que me auxiliou nos momentos difíceis e a minha noiva e futura esposa Liliane F. Ciriano pela paciência e compreensão.

"Educação não transforma o mundo. Educação muda pessoas. Pessoas transformam o mundo".

Paulo Freire

RESUMO

Atualmente, o crescimento do consumo de energia elétrica se constitui em preocupação mundial, devido à possibilidade de escassez das fontes primárias. Em especial, o consumo de energia elétrica associado às redes de comunicação também atingiu níveis significativos. Nesse contexto, pesquisas associadas à área de eficiência energética são de fundamental importância. Assim, este trabalho teve por objetivo avaliar o consumo de energia elétrica associado a redes IEEE802.11, investigando a relação dessa grandeza com diferentes parâmetros de Qualidade de Serviço (QoS).

Termos de Indexação: Eficiência Energética, Redes IEEE802.11, QoS, Consumo de energia elétrica

ABSTRACT

Nowadays, the growth of energy consumption is a global concern due to the possibility of having lack of primary sources. Specially, the consume of electrical energy associated with communications network also eached significantly levels. In this context, researches related to energy efficiency are extremely important. Therefore, this work aims to evaluate the consumption of electrical energy related to IEEE802.11 networks, searching for the relation between this consumption and different parameters of QoS.

Index Terms: Energy Efficiency, IEEE802.11 Networks, QoS, Energy Consumption

LISTA DE FIGURAS

LISTA DE ABREVIATURAS E SIGLAS

ACK   = Acknowledgment

ACs   = Access Category

ANATEL   = Agência Nacional de Telecomunicações

AP   = Access Point – Ponto de Acesso

BER   = Bit Error Rate

CIA   = The Central Intelligence Agency

CSMA/CA   = Carrier Sense Multiple Access with Collision Avoidance

DSSS   = Direct Sequence Spread Spectrum

EDCA   = Enhanced Distributed Channel Access

FER   = Frame Error Rate

FHSS   = Frequency Hopping Spread Spectrum

FTP   = File Transfer Protocol

GHz   = Gigahertz

HCCA   = Hibrid Controlled Channel Access

HCF   = Hibrid Coordination Function

IEEE   =Institute of Electrical and Electronic Engineers

IMF   = International Monetary Fund

IR   = Infrared

ITU   = International Telecommunication Union

MAC   =Medium Access Control

Mbps   = Megabits por segundo

MHz   = Megahertz

ONU   = Organização das Nações Unidas

ORG   = Organização

OSI   = Open Systems Interconnection

QoE   = Quality of Experience

QoS   = Quality of Service

RTP   = Real Time Transport Protocol

RX   = Receptor

SNR   =Signal to Noise Ratio

SSID   = Service Set Identifier

STAs   = Estações de Trabalho

TICs	=Tecnologia da Informação e Telecomunicação
TWh	= Terawatts hora
TX	= Transmissor
UDP	= User Datagram Protocol
UNRIC	= Centro Regional de Informações das Nações Unidas
WI-FI	= Wireless Fidelity
Wlan	= Wireless Local Area Network

SUMÁRIO

1. INTRODUÇÃO

1.1. Contextualização do Problema

Nos últimos anos, com o avanço da tecnologia, com a popularização das redes sem fio e com o baixo preço dos equipamentos, é cada vez mais comum encontrar redes sem fio em edificações com diferentes finalidades: residências, escolas, empresas, até mesmo em empreendimentos de pequeno porte (micro e pequenas empresas). As redes locais sem fio (WLAN – *Wireless Local Area Network* – Redes locais sem-fio) se tornaram uma opção economicamente viável e de fácil instalação, pois apresentam a vantagem de não necessitarem de conexões de cabos metálicos entre estações (STAs – Estações de Trabalho) e pontos de acesso (APs – *Access Points* – Pontos de Acesso) para trocar informações.

Uma grande parte dos usuários da Internet que acessam a rede em banda larga em sua residência possui uma rede sem fio, padrão IEEE 802.11 (MACHADO; PEDROSO, 2005), para conectar o laptop, o celular, ou até mesmo um computador nos diferentes cômodos da casa. Consequentemente, com o aumento dos equipamentos domésticos sem fio, as redes sem fio necessitam oferecer serviços com qualidade, considerando uma demanda cada vez maior pelos recursos da rede. Diante desse cenário, torna-se necessário estudar o comportamento dessas redes sem fio, no sentido de identificar suas características de funcionamento sistêmico para viabilizar a otimização de sua operação através de uma política adequada de gerência e gestão da rede.

1.2. Justificativa para o desenvolvimento do trabalho

Recentemente, os telejornais têm noticiado a preocupação que os governantes e até mesmo a população têm com relação ao meio ambiente. Nota-se também que existe uma preocupação com o consumo excessivo dos recursos naturais, como os derivados do petróleo, por exemplo, ou a necessidade de outras fontes geradoras de energia como a construção de novas usinas hidroelétricas. Nesse contexto, o mundo deve combater o consumo excessivo de energia e recursos, como adverte um grupo de peritos da ONU (UNRIC – ONU, 2012).

Como resultado desta reflexão, a sociedade tem demandado soluções tecnológicas que consumam o mínimo possível dos recursos naturais. Por exemplo, os automóveis estão ficando mais econômicos e poluindo menos o meio ambiente (PORTAL SÃO FRANCISCO, 2009) estão sendo criadas leis para restringir a utilização de derivados de petróleo como, as lâmpadas e os eletroeletrônicos são etiquetados com selos que exibem seu consumo de energia elétrica, incentivando o consumo dos mais eficientes do ponto de vista da energia elétrica. (DECRETO PRESIDENCIAL, 1993).

Especificamente em relação a redes sem fio, padrão IEEE 802.11, é desejável que o processo de transmissão de dados se dê de forma eficiente, consumindo, neste caso, o mínimo de energia elétrica, ao mesmo tempo em que mantém seus padrões de qualidade de serviço (QoS – *Quality of Service* – Qualidade de Serviço) e de experiência do usuário (QoE – *Quality of Experience* – Qualidade de Experiência). Para tanto, torna-se necessário identificar se existe uma relação entre os parâmetros de qualidade de serviço e o consumo de energia elétrica dos dispositivos da rede de comunicação de dados. É justamente neste contexto que este trabalho está inserido.

1.3. Objetivo do Trabalho

Este trabalho se propõe a investigar a relação entre o consumo de energia elétrica e alguns parâmetros de qualidade de serviço em redes IEEE 802.11, demonstrando: (a) que essa relação existe; e (b) que é possível identificar a relação entre o consumo de energia elétrica e os parâmetros de Qos .

1.4. Delimitação da Pesquisa

Este trabalho trata da investigação da relação existente entre alguns parâmetros de qualidade de serviço e o consumo de energia elétrica em redes IEEE802.11, através da coleta empírica de dados. Não são consideradas, aqui, as redes cabeadas com par metálico trançado e nem as redes ópticas, pois são redes nas quais a competição pelo meio tende a ser menos crítica do que em redes sem fio. Nas redes sem fio a competição pelo meio a fim de poder transmitir os dados é muito mais complexa do que nas rede cabeadas, usando o par metálico ou nas redes opticas. Ainda, por restrições de tecnologia das estações utilizadas nos ensaios, os testes se limitaram aos protocolos do padrão IEEE802.11g.

1.5. Organização da dissertação

Este trabalho está dividido como se segue.

Capítulo 1, Introdução: caracteriza a contextualização do problema, as justificativas para o desenvolvimento deste trabalho, e a delimitação da pesquisa.

Capítulo 2, Consumo de energia elétrica: caracteriza a tendência do consumo de energia elétrica no mundo e o consumo de energia elétrica nas redes de comunicação.

Capítulo 3, Redes Sem Fio IEEE802.11: trata dos sistemas rádio, da propagação do sinal nas redes sem fio, abordando algumas características do padrão IEEE802.11 e, ainda, o consumo de energia elétrica nessas redes.

Capítulo 4, Qualidade de Serviço: apresenta a definição de qualidade de serviço e dos parâmetros de QoS. Também são abordadas as categorias dos serviços nas redes IEEE802.11 e a possível relação entre a qualidade de serviço e o consumo de energia elétrica nas redes IEEE802.11.

Capítulo 5, Metodologia: aborda todas as etapas do experimento desenvolvido para a coleta de dados

Capítulo 6, Resultados: são apresentados os resultados obtidos neste trabalho.

Capítulo 7, Conclusão: é apresentada a conclusão deste trabalho e possíveis trabalhos futuros.

Capítulo 8, Referências: são apresentadas as referências usadas para a realização deste trabalho.

2. CONSUMO DE ENERGIA ELÉTRICA EM REDES DE COMUNICAÇÃO

2.1. Tendência do Consumo de energia elétrica Mundial

De acordo com estudos ((IMF, 2011), (OLIVEIRA, et al., 2008)), o mundo caminha para um quadro de escassez de energia devido ao aumento contínuo do seu consumo. Acompanhando esta tendência, pode-se destacar o aumento da demanda que tem ocorrido em países cujas economias são classificadas como emergentes, como é o caso do Brasil e da China. De acordo com a Agência Internacional de Energia, a Figura 1 ilustra esse cenário, apresentando a Taxa Percentual do Crescimento do Consumo de energia Primária no período de 1980 a 2008, e também a representação, em porcentagem, de quanto cada região do mundo consome do total de energia.

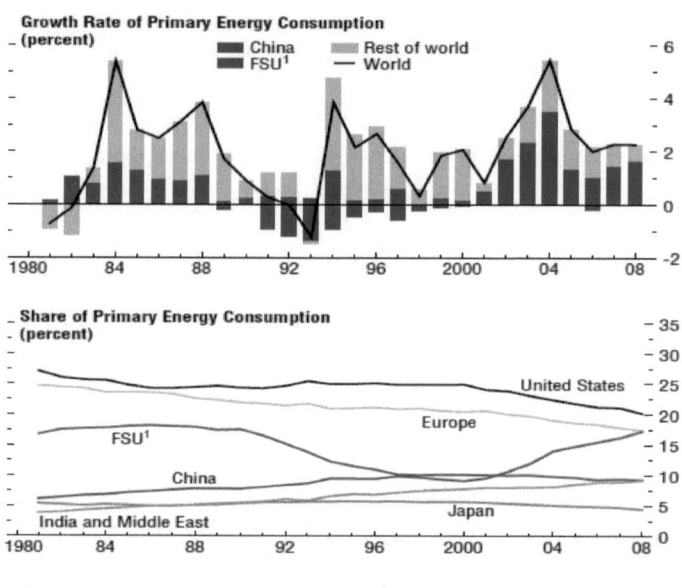

Figura 1: Consumo de energia elétrica no Mundo
Fonte: Reproduzido de OIL SCARCITY, GROWTH, AND GLOBAL IMBALANCES | (International Monetary Fund, 2011)

A Figura 2 retrata o consumo de energia elétrica no mundo no ano de 2009 pela CIA World FactBook (CIA WORLD FACTBOOK, 2011). Com base nos dados da Figura 2, o Brasil ocupa a nona posição no ranking mundial de países que consumiram mais energia no ano de 2009, fato que acaba gerando preocupação, uma vez que o Brasil está classificado como país em desenvolvimento e o foco mundial está voltado ao desenvolvimento de produtos que consumam menos energia.

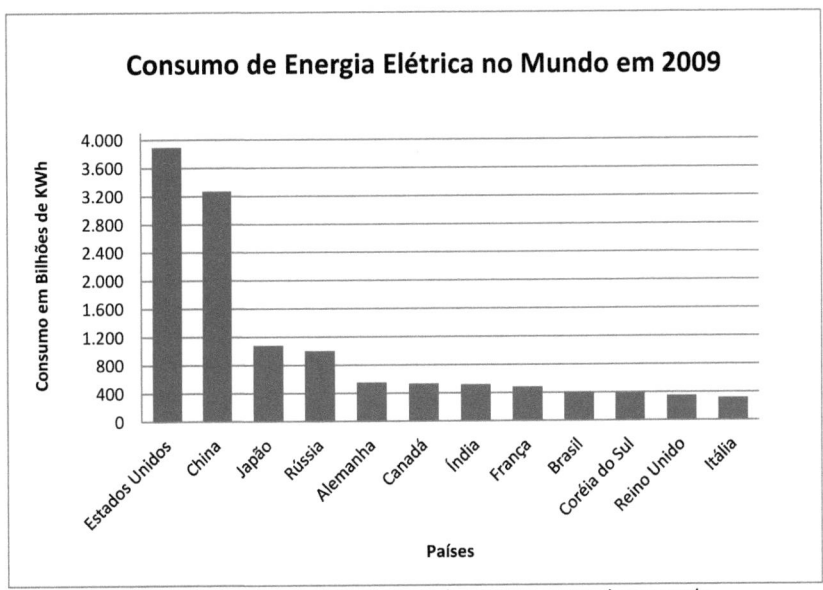

Figura 2: Ranking dos países que mais consomem energia no mundo.
Fonte: CIA World Factbook (2011)

Atualmente, existe, ainda, uma grande preocupação mundial com o aumento excessivo do consumo de energia elétrica relacionado aos equipamentos de redes de Tecnologia da Informação e Comunicação, as chamadas TICs (NEWING, 2010). As razões para esta preocupação são:

- A onipresença das TICS no Brasil e no Mundo (CARR, 2009).

- A crise econômica mundial que tem assustado a todos recentemente (DIEESE, 2008).

- O aumento dos preços das matérias-primas usadas para gerar energia elétrica, como o petróleo e outras (CHAMBRIARD, 2010).

Partindo deste princípio, fica evidenciada a crescente demanda pela aplicação de conceitos relacionados à eficiência energética das TICs.

2.2. Consumo de energia elétrica em Redes de Comunicação

De acordo com pesquisas da empresa Gartner (TULLY, 2010), exclusivamente em relação ao uso de computadores há um crescimento anual de cerca de 10% no mundo todo. Isto, invariavelmente, provoca um aumento no consumo global de energia associado a tais equipamentos, tanto que, segundo Gartner apud (TULLY, 2010), considerou-se que, em 2010, cerca de 272 TWh foram gastos só na alimentação de computadores pessoais, versus 136 TWh de consumo para os servidores de todo o globo.

Além disso, nos últimos anos, as redes de comunicação de dados apresentaram um grande avanço tecnológico. Esse avanço tecnológico possibilitou aos usuários a troca de dados entre computadores de forma mais rápida e eficiente. Ao mesmo tempo, com o passar dos anos, os laptops foram se disseminando por sua característica intrínseca de mobilidade. Assim, um dos grandes desafios para os microcomputadores portáteis estava relacionado à sua conectividade, na medida em que o usuário, dono de um *laptop,* necessitava possuir mais um cabo, além do de energia, para conectar-se à rede, restringindo fortemente sua mobilidade.

A Figura 3 ilustra como os dispositivos móveis acessavam a rede convencionalmente neste contexto. Pode-se observar a presença de um modem que está conectado à Internet e a existência de um roteador, que tem como objetivo rotear os pacotes da rede interna (neste caso, é representada pelo laptop e pela estação de trabalho), para a rede externa, (representada pela Internet). Neste modelo, o acesso à rede é possível usando um cabo padrão Ethernet (par metálico com conectores padrão RJ45).

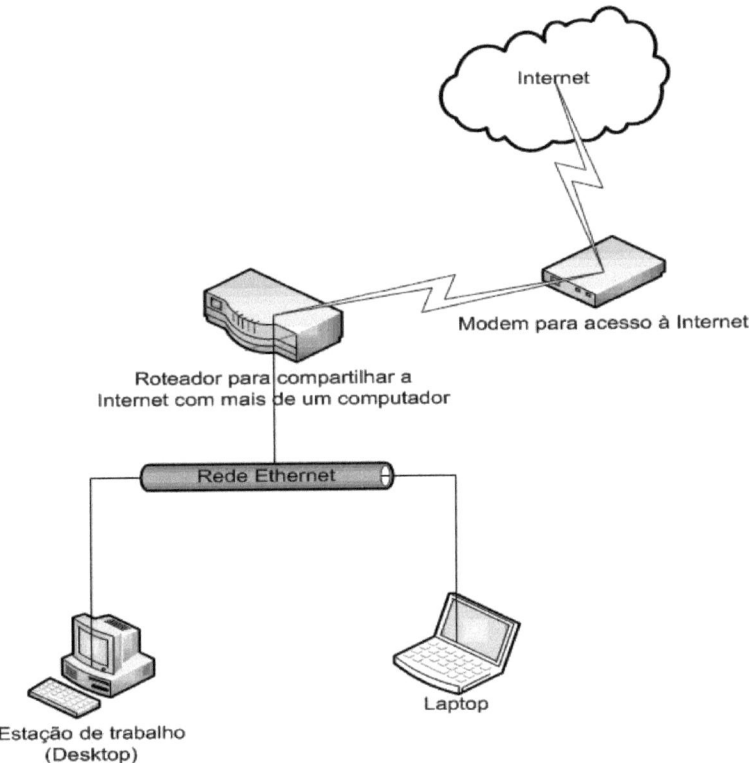

Figura 3: Elementos de uma rede convencional.

Com o avanço tecnológico, a partir do início do século XXI, as redes sem fio tornaram-se um padrão para a conexão do usuário final. Neste sentido, a estrutura de uma rede Wi-Fi convencional pode ser representada pela Figura 4.

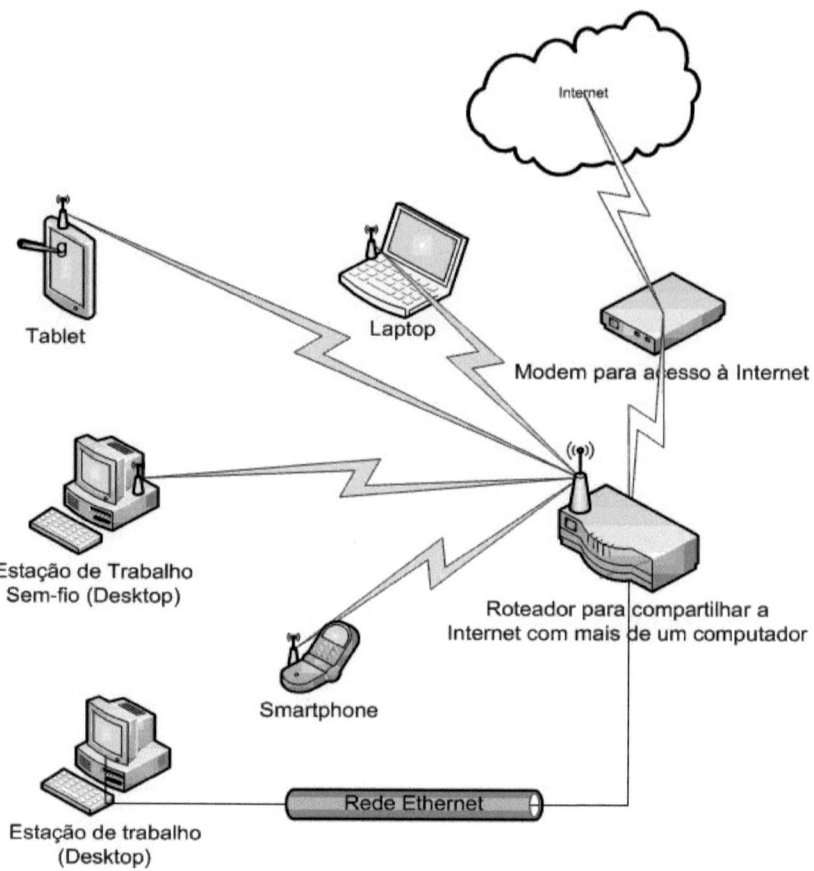

Figura 4: Elementos de uma rede sem fio IEEE 802.11.

A Figura 4 representa uma rede com elementos cabeados e sem fio; pode-se observar a presença de elementos de rede com tecnologias mais avançadas, como o *laptop*, o *smartphone* e o *tablet*, que podem se conectar à rede e usar todos os seus recursos sem a necessidade de cabo. Para isso, é necessário um roteador sem fio que tem a mesma função de um roteador cabeado, tal como o representado anteriormente na Figura 3, ou o uso de um AP (*Access Point* – Ponto de Acesso). Como, nesse caso, não há uso de cabos para usar a rede, os dispositivos são realmente móveis e podem ser utilizados na área de cobertura do AP. É importante destacar que o padrão adotado para as redes sem fio é o IEEE 802.11, que será abordado no Capítulo 3 dessa dissertação.

Pode-se concluir que a disseminação da utilização de redes sem fio contribuiu, de forma significativa, para o aumento da quantidade de usuários das redes de comunicação, gerando, consequentemente, um crescimento do consumo de energia elétrica associado às mesmas.

Nas redes de comunicação, a energia é utilizada para trafegar dados, ou seja, para trafegar eletricamente impulsos correspondentes aos bits de um ponto (A) para um ponto (B). No entanto, determinar o consumo de energia elétrica em redes de comunicação uma vez que, para transmitir esses bits, é necessário utilizar energia elétrica. A hipótese deste trabalho é que o consumo de energia elétrica depende dos parâmetros de QoS da rede. Por exemplo, se um usuário faz download de um arquivo a uma pequena taxa de transferência de bytes, a princípio, a rede está trafegando poucos bytes, e demandando pouca potência; se essa taxa de download for aumentada, então será necessário mais um esforço maior que poderá conduzir a um nível de potência maior para realizar o download do arquivo, deixando a estação livre para realizar mais tarefas de comunicação, quando se considera um intervalo específico de tempo. A integralização da potência neste intervalo de tempo poderá conduzir a um consumo maior de energia pela própria natureza do comportamento de uso da rede em função do melhor nível do serviço. Esse raciocínio é válido para uma rede em condições ideais. No caso de uma rede com degradação de sinal ou estações com baixa relação sinal-ruído, pode ocorrer, ainda, um aumento na potência requerida para o processo de comunicação pela queda nos níveis de qualidade de serviço que podem demandar retransmissões de pacotes de dados para concluir a mesma tarefa com sucesso.

De forma mais generalizada, este trabalho parte da hipótese de que a energia consumida em uma rede de comunicação, mais especificamente em uma rede sem fio, sofre impactos dos parâmetros de QoS associados à mesma. Ou seja, é possível que ela venha a consumir mais energia se esta rede apresentar interferências ou problemas de ordem técnica (deterioração de parâmetros de QoS).

3. REDES SEM FIO IEEE 802.11

3.1. Sistemas Rádio

Os trabalhos desenvolvidos por Hertz, por volta de 1884, provaram que a propagação de ondas eletromagnéticas era possível em um espaço livre, configurando, dessa forma, a base para o desenvolvimento de sistemas de comunicação rádio ((MOTA, S. J, 2003), (NOTA POSITIVA, 2011)).

Anos mais tarde, Marconi estabeleceu a primeira ligação rádio, possibilitando, posteriormente, o desenvolvimento de sistemas móveis de comunicação. Na atualidade, a área de comunicações móveis engloba comunicação via satélite, telefones sem fios, celulares, redes de computadores sem fios, entre outras, (MOTA, S. J, 2003).

Um sistema rádio é, basicamente, constituído por um par transmissor-receptor (TX-RX), onde o elemento transmissor (TX) é responsável por enviar as informações e o elemento receptor (RX) é responsável por receber as informações, conforme ilustrado pela Figura 5.

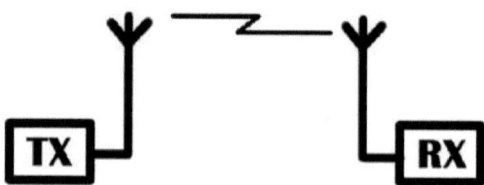

Figura 5: Sistema Básico TX-RX.

Em um ambiente de comunicação sem fio, o meio de comunicação usado é o ar. Nesse tipo de comunicação, coexistem vários fenômenos que interferem na transmissão de dados, conforme apresentado nos itens que se seguem.

3.2. Propagação de Sinal em Redes sem Fio

Dentre os fenômenos citados, pode-se destacar: ((MOTA, MOTA e RONDON, 2011), (RAPPAPORT, 2002), (RONDON, 2009)).

• Reflexão: a reflexão acontece quando as ondas eletromagnéticas se encontram com obstáculos de dimensões muito maiores do que seus comprimentos de onda. No ambiente construído, estes obstáculos podem ser, por exemplo, paredes, portas e divisórias. As ondas refletidas podem interferir construtivamente ou destrutivamente no receptor. A Figura 6 ilustra um sinal sendo refletido pela presença de um obstáculo. Pode-se observar que o sinal refletido pelo obstáculo desviou de sua trajetória original, o que, na maioria das vezes, não é desejável.

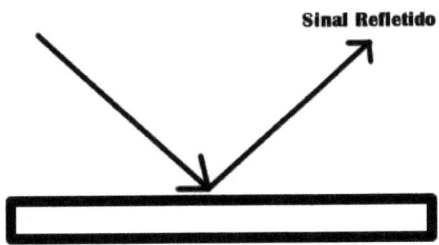

Figura 6: Sinal refletido.

• Difração: ocorre quando um corpo com geometria irregular obstrui o percurso do sinal entre transmissor e receptor. Em altas frequências, este mecanismo depende da forma do objeto, amplitude, fase e polarização da onda incidente no ponto de difração. A Figura 7 ilustra o sinal sofrendo os efeitos da difração. O que acontece, nesse caso, é que a onda eletromagnética acaba circundando o obstáculo e, dessa forma, sofre um ligeiro desvio que, consequentemente, vai resultar em um ponto cego, ou seja, uma determinada área não vai ter a cobertura esperada. Esse tipo de fenômeno acontece, normalmente, com prédios e outras superfícies de geometria irregular.

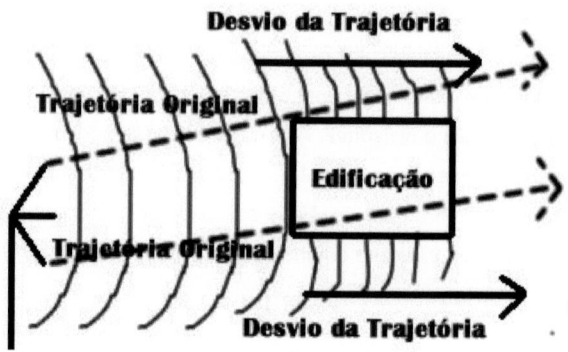

Figura 7: Exemplo de Difração.

• Espalhamento: o espalhamento ocorre quando as ondas eletromagnéticas se encontram com obstáculos que possuem pontas de diversos tamanhos como as de telhados de residências, cumes de montanhas ou de irregularidades de terrenos. O espalhamento obedece aos mesmos princípios físicos da difração, espalhando a energia do sinal do transmissor em muitas direções. A Figura 8 mostra o efeito do espalhamento do sinal. Quando a onda eletromagnética encontra um obstáculo, o sinal é refletido em várias direções com amplitudes menores que podem interferir significativamente no sinal original, causando degradação ou até mesmo a perda do sinal.

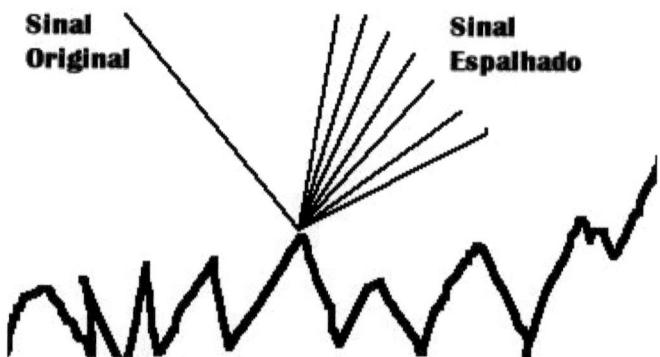

Figura 8: Espalhamento do Sinal Eletromagnético.

• Refração: a refração é o desvio que uma onda eletromagnética sofre quando atravessa um obstáculo de densidade diferente como a água, por exemplo. Quando a onda eletromagnética atravessa esse objeto de densidade diferente, parte do sinal é refletida e a outra parte sofre um desvio. A Figura 9 ilustra um sinal refratado.

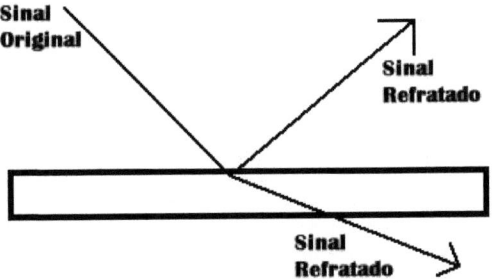

Figura 9: Sinal Refratado.

Assim, é importante verificar o efeito da presença de obstáculos no ambiente em relação à propagação do sinal. Desta maneira, deve-se cogitar que a recepção dos sinais pode estar influenciada pelos efeitos de distância e dispersão que decorrem da composição dos fenômenos descritos anteriormente ((MOTA, MOTA e RONDON, 2011), (RAPPAPORT, 2002), (RONDON, 2009)). Esses efeitos podem ser descritos da seguinte maneira:

• Influência da distância: à medida que o sinal se propaga pelo meio, perde intensidade devido à atenuação causada por diferentes fatores, de maneira proporcional à distância que percorre. Quando o sinal passa por uma região sem presença de obstrução (espaço livre de obstáculos), a potência na recepção é uma função que depende da distância entre o transmissor e o receptor, decaindo com o quadrado dessa distância. Contudo, em um meio sem linha de visada direta (com obstrução), a relação da atenuação com a distância aumenta significativamente, podendo decair com a quarta ou quinta potência da distância.

• Influência da dispersão: Quando o sinal de rádio é transmitido, este pode seguir diversos caminhos até chegar ao receptor. Isto faz com que réplicas do sinal possam atingir o receptor em diferentes instantes de tempo. Mais ainda, na presença de obstrução entre TX e RX, pode ocorrer também a reflexão do sinal para o receptor, ocasionando distorção do sinal original. Esse fenômeno ocorre devido ao desvanecimento do sinal por multipercursos ou multicaminhos. Assim, tais efeitos não devem ser ignorados em um sistema de comunicação sem fio, podendo ser modelados matematicamente, segundo várias abordagens.

Existem, portanto, vários fatores que contribuem com a degradação do sinal de radiofrequência. Levando-se em conta esses fatores, é possível encontrar as condições ambientais e de infraestrutura que devem ser incluídas no cálculo da potência de recepção do sinal através de modelos de propagação de sinal.

Na literatura, são apresentados vários modelos desenvolvidos para ambientes internos (indoor) e externos (outdoor).Dentre esses modelos, pode-se destacar o de Log-Distance e o modelo de Shadowing, tendo cada um deles diferentes características e tipos de aplicações ((ANDERSEN et al., 1995), (HASHEMI, 1993), (HOLMA; TOSKALA, 2000), (INTERNATIONAL TELECOMMUNICATION UNION, 2008), (RAPPAPORT, 2002), (SARKAR et al., 2003), (SKLAR, 1997), (YARKONI; BLAUNSTEIN, 2006)).

O modelo de Shadowing, normalmente, é recomendado para planificação de sistemas rádio em ambientes indoor e se diferencia dos outros porque considera a atenuação sofrida pela onda eletromagnética através de seu percurso, passando por diversos ambientes. A atenuação do sinal está relacionada com o parâmetro Beta (β) e com uma variável aleatória log-normal X_{dB} com média 0 (zero), que expressa a incerteza do sinal recebido em cada um dos pontos, conforme descrito pela Equação 1 (OLIVEIRA, 2008), (RAPPAPORT, 2002).

$$\left[\frac{P_R(d)}{P_R(d_0)}\right]_{db} = -10\beta \log\left(\frac{d}{d_0}\right) + X_{db} \tag{1}$$

Nessa equação, $P_R(d)$ representa a potência de recepção a uma distância d;

$P_R(d_0)$ representa a potência de recepção a uma distância d_0;

β é o fator de perda de percurso e representa a obstrução ocasionada pelo ambiente;

X_{dB} é uma variável aleatória com distribuição gaussiana de média zero e desvio padrão σ, os quais são expressos em dB.

Já o modelo de log-distance define que a potência do sinal decai logaritmicamente com o aumento da distância e as perdas podem ser expressas em função da distância de acordo com a Equação 2.

$$Perdas\ (d)[dB] = Perdas\ (d_0)10\ nlog\frac{d}{d_0} \qquad (2)$$

Onde:

d representa a distância entre o TX e o RX

d0 é a distância de referência em um ponto próximo ao emissor

3.3. Padrão IEEE 802.11

O padrão IEEE 802.11 começou a ser desenvolvido em 1991, com o objetivo de criar uma nova camada física e de dados no atual modelo OSI, consequentemente, criando o Ethernet sobre radiofrequência. Contudo, a primeira versão do IEEE 802.11 foi lançada em 1995. A Figura 10 ilustra as duas novas camadas que fariam parte do modelo OSI. (TELECO, 2006).

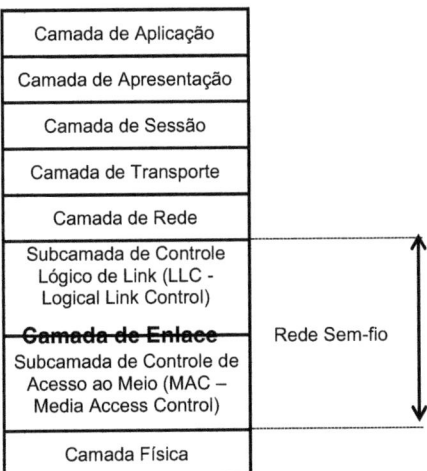

Figura 10: Possível modelo da camada OSI para o Padrão IEEE 802.11.
Fonte: (Teleco 2006) - Relação do 802.11 com o modelo ISO/OSI (Adaptado).

29

A camada de enlace define o método de acesso ao meio físico. O padrão IEEE802.11 usa o método conhecido como CSMA/CA (*Carrier Sense Multiple Access with Collision Avoidance*), dessa forma surgem três alternativas que definem como as informações acessarão o meio, contundo sem a necessidade de um novo modelo OSI para as redes Sem-fio, conforme segue:

• IR – *Infrared*– Utiliza como meio de transmissão radiação infravermelha. Essa radiação não ultrapassa paredes e está sujeita a interferências; é uma tecnologia para ambientes fechados, operando em baixa velocidade 1Mbps ou 2Mbps e pode ter como formas de transmissão infravermelha a reflexão ou a comunicação direta. No caso da reflexão, são instalados no meio do percurso refletores que vão refletindo o sinal do emissor até o receptor. Como essa tecnologia não ultrapassa paredes, não se pode ter objetos obstruindo esses refletores. Na comunicação direta, o sinal é focado diretamente ao receptor, eliminando assim a necessidade do ponto de reflexão, como por exemplo, os controles remotos de TV ou, ainda, a transferência de dados entre dois laptops (TELECO, 2006).

• FHSS – *Frequency-Hopping Spread Spectrum* – Espalhamento por Saltos em Frequência – Esta técnica consiste em espalhar a informação por uma banda maior do que a banda necessária para a transmissão efetivamente da informação; consiste na divisão da banda total em canais de comunicação com uma largura de banda relativamente pequena, fazendo com que o transmissor e receptor saltem pelos canais usando uma sequência aleatória conhecida por ambos (TELECO 2006), conforme observa-se na Figura 11.

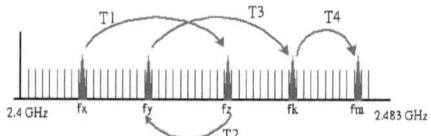

Figura 11: FHSS.
Fonte: (TELECO, 2006).

De acordo com o método de funcionamento do FHSS, diz-se que os sistemas que operam com FHSS possuem velocidades inferiores aos sistemas que trabalham com o método DSSS (*Direct-Sequence Spread Spectrum*). Um ponto que deve ser levado em consideração é que, em se tratando de segurança, esse método é considerado robusto (TELECO, 2006).

• DSSS – *Direct-Sequence Spread Spectrum* – Sequência Direta de Espalhamento de Espectro – Neste método, cada bit é dividido em "n" intervalos que se podem chamar de chips, cada estação possui uma sequência randômica de "n" bits e quando a estação envia o bit 1, essa estação envia uma sequência de chips e quando quer enviar o bit 0, é enviado um complemento da sequência de chips. Segundo o padrão 802.11, utiliza-se uma sequência de 11 bits para espalhar os dados antes de transmitir e cada bit que vai ser enviado é modulado por essa sequência, espalhando a energia de radiofrequência em torno de uma banda de faixa larga que será necessária para transmitir os dados. Dessa forma, o receptor concentra o sinal recebido a fim de recuperar a informação transmitida. Neste contexto são definidos 11 canais de 22 Mhz sobre uma frequência de 2,4 GHz (TELECO, 2006).

A Figura 12 ilustra o modelo proposto de acordo com as três sugestões de alteração.

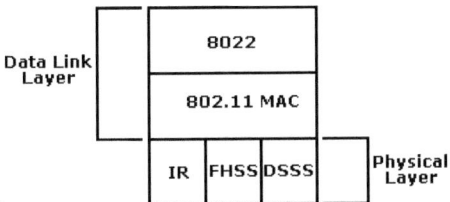

Figura 12: Camadas Físicas e MAC.
Fonte: (TELECO, 2006).

3.4. Consumo de energia elétrica em Redes IEEE802.11

Conforme detalhado na referência (FONTOLAN, 2010), em redes sem fio, a taxa de transmissão das estações (STAs) depende da relação sinal ruído (SNR). A SNR é resultante da interação de um grande número de variáveis dinâmicas inerentes à condição de operação da rede, tais como: a posição da STA, as características físicas do ambiente, as condições de propagação do sinal. Ou seja, de acordo com o ambiente pode-se ter uma SNR mais alta ou mais baixa, dependendo dos objetos que estão no campo de cobertura do sinal na rede Wi-Fi.

Os fenômenos dessas variáveis concatenadas produzem variações aleatórias no sinal recebido, que, por sua vez, sofre desvanecimento (fading) ao longo do tempo (RAPPAPORT, 1996).

Nas redes cabeadas convencionais, a maneira pela qual o processo de comunicação se dá é considerada determinística. Em redes sem fio, esse processo não se dá de forma determinística, como ocorre nas redes cabeadas. Isso acontece porque nas redes cabeadas, o desempenho é garantido desde que haja conectividade entre duas STAs. Nas redes sem fio, esse desempenho é resultado de uma série de fatores associados ao ambiente como, por exemplo, o posicionamento das STAs. (FONTOLAN, 2010).

Para medir a qualidade de um enlace de rádio, é possível usar a taxa de erros de bits (BER – *Bit Error Rate*). Partindo desse contexto, quanto menor for a BER, melhor será o enlace de dados sem fio. Consequentemente esses enlaces podem vir a consumir menos energia para transmitir as informações, pois quando o enlace de dados sem fio tem uma BER maior, os dados têm que ser retransmitidos, o que pode vir a consumir mais energia para transmitir a mesma quantidade de informação. (FONTOLAN, 2010)

Por outro lado, a posição do AP (Access Point) em relação às STAs pode influenciar as características da SNR. Conforme o sinal sofre atenuação, o número de erros na transmissão tende a aumentar. Isso requer que os equipamentos da rede usem outros tipos de modulação que sejam mais robustas e apresentem melhores características de operação, com um maior nível de SNR, e então venha a apresentar uma BER menor. (FONTOLAN, 2010)

De acordo com a referência (ZYREN, 1998), para diferentes técnicas de modulação utilizadas para enlaces de rádios, obtêm-se diferentes valores de probabilidades de BER. Normalmente, esses valores são resultantes da relação entre a energia necessária para transmissão de um bit (Eb) e a densidade de ruído do espectro (No), conforme observado na Figura 13 que apresenta as curvas de BER (ou BE) em função da relação Eb/No, para diferentes tipos de modulação.

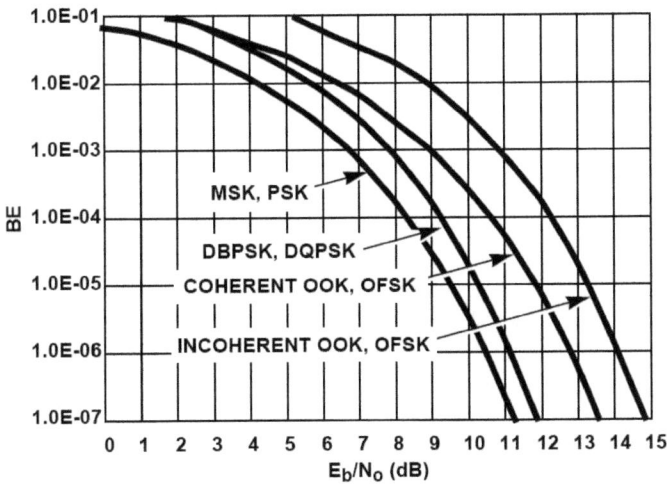

Figura 13: Probabilidade de erros para os métodos mais comuns de modulação.
Fonte: (FONTOLAN 2010)

O valor da SNR pode ser determinado através da Equação 3 (FONTOLAN, 2010):

$$SNR = \left(\frac{Eb}{N_0}\right) x \left(\frac{R}{B_t}\right) \tag{3}$$

onde:

• Eb = Energia necessária para transmissão da cada bit de informação (em Joules)

• No = Ruído térmico em 1Hz de largura de banda (em W/Hz)

• R = Taxa de transmissão (em kbps)

• Bt = Largura de banda (em Hz)

De acordo com a referência (GUIRARDELLO, 2008), o ruído é uma característica física do sistema e, portanto, está presente nas transmissões e sempre deve ser considerado. O ruído é definido por uma função densidade de probabilidade gaussiana com média nula e densidade espectral de potência uniforme. Por ser uma característica inerente ao receptor, normalmente o ruído é adicionado ao sinal no momento da recepção. Nas redes sem fio, na medida em que uma STA se distancia do AP, o nível do sinal recebido cai. Porém, o nível de ruído na recepção permanece constante. Dessa forma, quanto mais distante do AP uma STA estiver, menor será a sua SNR. A partir da Equação 3, observa-se que conforme a SNR de uma STA diminui, deve ocorrer uma diminuição proporcional no valor da relação Eb/No, considerando que a relação entre a taxa de transmissão R e a largura de banda Bt permaneça constante. Isso traz como consequência direta um aumento na taxa de erros, conforme já evidenciado pela Figura 13, (FONTOLAN, 2010).

Uma rede pode utilizar diferentes mecanismos para compensar um aumento na taxa de erros. Um deles é o aumento da potência do sinal transmitido, o que por sua vez pode fazer com que os equipamentos consumam mais energia para transmitir as mesmas informações. Porém, esse aumento na potência de transmissão pode trazer consequências financeiras, pois exige equipamentos maiores, com maior consumo de energia elétrica. Mais ainda, os níveis da potência de transmissão em redes sem fios são regulamentados na legislação e são diferentes em cada país. No caso do Brasil, cabe à ANATEL (Agência Nacional de Telecomunicações) regular e fiscalizar os fabricantes no processo de fabricação desse tipo de equipamento, mas o aumento da potência do sinal é um mecanismo com escopo de aplicação limitado. (FONTOLAN, 2010).

Um segundo mecanismo para diminuição da taxa de erros é a mudança da frequência de operação do equipamento, quando este parâmetro pode ser alterado no equipamento em questão; por exemplo, se o equipamento está trabalhando na frequência de 2,4 GHz e for compatível para trabalhar na frequência de 5,4 GHz, esta simples mudança pode diminuir a taxa de erros, uma vez que as interferências sobre a frequência de 2,4 GHz não necessariamente interferem na transmissão de dados a 5,4 GHz.

De forma análoga ao aumento da potência do sinal, as faixas de frequência passíveis de serem utilizadas são definidas em leis, o que também limita essas alterações (FONTOLAN, 2010), ainda mais que as redes sem fio estão operando em uma faixa de 2,4GHz não licenciado e ainda possuem outros equipamentos no mercado que utilizam essa mesma faixa como, por exemplo, os telefones sem fio, os teclados e mouses sem fio entre outros.

O terceiro mecanismo é a mudança do tipo de modulação. A partir da Figura 13, pode-se verificar qual a melhor modulação para uma situação real, mantendo-se constante a relação Eb/No e visando a operação com a menor taxa de erros possível. Entretanto, é importante salientar que uma modulação mais robusta (com mecanismos de correção de erros) implica, necessariamente, em taxas de transmissão mais baixas. (FONTOLAN, 2010).

A princípio, o padrão IEEE 802.11 não possui mecanismos que permitam à STA transmissora saber qual a SNR da STA receptora. De forma semelhante, a STA transmissora não tem condições de saber a localização do receptor; não possui, portanto, nenhuma informação que permita determinar a proximidade do receptor em relação ao transmissor. Porém, o padrão prevê que, para cada quadro recebido com sucesso, o receptor deve sinalizar seu recebimento (ACK). Dessa forma, por meio do gerenciamento dos ACKs, recebidos ou não, o transmissor tem condições de estabelecer uma métrica: a taxa de erros de quadros (FER – *Frame Error Rate*). A FER pode ser determinada conforme descrito pela Equação 4, (GUIRARDELLO, 2008):

$$FER = 1 - (BER)^N \tag{4}$$

Onde: N é o número de bits do pacote. Consequentemente, a BER pode ser extraída da Equação 4, a partir de um valor conhecido para a FER.

Conforme já citado, o consumo de energia elétrica associado às redes de comunicações vem crescendo de forma significativa, sendo que esse crescimento pode estar associado ao aumento do número absoluto de equipamentos, ao aumento do consumo de energia elétrica (potência ativa) desses equipamentos e ao aumento do tempo de utilização diário da rede. Todavia, o aumento do consumo de energia elétrica também pode estar relacionado com a forma com que os dados são transmitidos. Outro fator que deve influenciar de forma significativa o consumo de energia elétrica em uma rede de comunicação é o desempenho da mesma. É de se esperar que o consumo de energia elétrica aumente com a degradação da qualidade de serviço (QoS), pois o esforço associado à repetição da informação requer, na realidade, que um maior número de tentativas de transmissão seja feito. Portanto, em função das características de desempenho da rede como, por exemplo, relação sinal-ruído, perda de pacotes, necessidade de retransmissão de dados, pode haver um aumento do consumo de energia elétrica necessário para a realização da troca de informação.

4. QUALIDADE DE SERVIÇO

4.1. Definição de Qualidade de Serviço (QoS)

O termo qualidade de serviço está relacionado ao oferecimento de um serviço que possa atender as necessidades do usuário, e que ao mesmo tempo seja um serviço estável e com baixas taxas de erros. Entretanto, quando se trata de redes de computadores, o que um usuário classifica como "de boa qualidade", outro usuário pode classificar como de "qualidade ruim".

A TELECO (TELECO, 2008) define a qualidade de serviço através de um conjunto de parâmetros específicos e necessários para uma determinada aplicação do usuário. Dentre esses parâmetros, pode-se destacar a vazão, a latência e o jitter como parâmetros usualmente empregados na avaliação de QoS de uma rede.

A satisfação do cliente com a qualidade do serviço oferecido pode ser definida pela comparação do serviço prestado com a expectativa do serviço desejado pelo cliente. Quando se excede a expectativa, o serviço é dado como de excelente qualidade, e em alguns casos é motivo de elogios por parte do cliente. Quando, no entanto, não se atende às expectativas do cliente, a qualidade do serviço é inaceitável e, normalmente, o cliente passa a reclamar e até mesmo vir a trocar de prestador de serviço. Quando se confirmam as expectativas, então, a qualidade é satisfatória.

Em se tratando de redes de computadores sem fio IEEE 802.11, o fato de se ter em uma rede apenas estações trocando informações usando o padrão IEEE 802.11g, se alguma estação vier a utilizar a mesma rede com o padrão IEEE 802.11b já é motivo de todos os outros usuários passarem a reclamar da qualidade da rede em questão, já que a largura de banda de todos os usuários será de 11Mbps ao invés de 54Mbps. Isso acontece porque os APs não conseguem disponibilizar as informações em largura de banda diferente, ou seja, se a rede está trafegando à 54Mbps, todos devem ter equipamentos compatíveis com o padrão 802.11g e se um equipamento entrar nesta rede com o padrão 802.11b (11Mbps) todos terá a largura de banda de 11Mbps. O padrão 802.11g é totalmente compatível com o padrão 802.11b; no entanto, essa compatibilidade compromete o desempenho caso o equipamento receba uma conexão que possui o padrão mais antigo. Isso se deve à taxa em que os dados trafegam na rede, pois em uma rede 802.11b a taxa de transferência de dados não ultrapassa os 11Mbps enquanto nas redes 802.11g essa taxa pode atingir 54Mbps. No entanto, por uma questão de implementação tecnológica em relação à comercialização de dispositivos para redes sem fio, os mesmos atualmente não conseguem identificar especificamente qual das estações é o equipamento que possui uma tecnologia mais antiga e então tratar este problema de forma mais adequada. Ou seja, quando um usuário se conecta a uma rede sem fio IEEE802.11 com um equipamento mais antigo, esse problema acaba por prejudicar todos os usuários que estão conectados nesta rede sem fio, considerando o fato que implementações mais atuais de um mesmo padrão reconhecem as características das implementações mais antigas. Em outras palavras, uma placa de rede padrão IEEE802.11g reconhece e é capaz de trabalhar em um ambiente para dispositivos IEEE802.11b. Também é possível que uma estação mais distante ao ingressar na rede prejudique a qualidade dos serviços prestados pela rede sem fio. Isso se deve à deterioração da relação sinal-ruído nesta estação, em função dos fenômenos de atenuação provocados pela distância, que impactarão na disputa pelo meio de transmissão, fazendo com que a mesma necessite ocupar o canal por um tempo maior que o que seria necessário em condições melhores de recepção. Portanto, todos os elementos da rede são afetados com uma redução nas taxas de comunicação. Esse é o fenômeno conhecido como Anomalia da MAC do padrão IEEE802.11 ((BRANQUINHO, 2006), (FONTOLAN 2010), (TELECO 2008)). Diante dessa e de outras situações, é possível configurar os equipamentos de acesso à rede para rejeitar a conexão de uma máquina que esteja muito longe do ponto de acesso ou de um equipamento equipado com tecnologias mais antigas. A qualidade do serviço prestado também está intimamente ligada à questão financeira (tarifação e remuneração por serviços), na medida em que o custo do serviço prestado pode aumentar quando sua qualidade garantida é boa ou diminuir quando a qualidade garantida é ruim.

4.2. Parâmetros de Qualidade de Serviço

Segundo a TELECO (TELECO 2005) e a recomendação E.800 do ITU (E800,1994), a qualidade de serviço determina o grau de satisfação de um usuário relacionado a um serviço prestado. Para a recomendação I350 do ITU (I350, 1993), o desempenho de uma rede é aferido por parâmetros que são importantes para o administrador da rede e estes são usados na manutenção, planejamento e configuração das redes de telecomunicações. Esses parâmetros são definidos independentemente dos equipamentos dos usuários e de suas ações.

Dentre os parâmetros de QoS citados anteriormente, a latência é um termo que normalmente é usado para fazer referência aos equipamentos e o termo atraso é mais usado nas transmissões de dados, como por exemplo o atraso da transmissão de dados ou, ainda, o atraso da propagação dos dados no meio físico. Contudo, a latência de uma rede pode ser o resultado de vários atrasos no sistema de comunicação. Partindo desse ponto de vista, a latência pode resultar no atraso em um tempo de resposta, que pode ser o tempo de entrega de um pacote na rede para uma determinada aplicação, sendo os principais fatores que influenciam a latência em sistemas de comunicação de dados: o atraso de propagação do sinal, a velocidade de transmissão dos dados e a velocidade de processamento dos dados pelos equipamentos de rede (TELECO, 2005).

Quando se trata de atraso de propagação, ou seja, o tempo necessário para que um sinal elétrico, ou uma onda eletromagnética, ou ainda um sinal óptico se propague pelo meio físico, este se torna um parâmetro cujo estado não pode ser alterado pelo administrador da rede, uma vez que está relacionado com o tempo em que a informação demora para percorrer o caminho e assim chegar a seu destino. Quando este tempo de atraso é muito alto, pode causar perda de sincronização e perda de pacotes na rede. Para que se tenha uma boa qualidade de comunicação de voz por exemplo, o valor da latência tem que ser menor do que 150 ms. (TELECO, 2005)

Ainda para a TELECO (TELECO, 2005), o *jitter* é um parâmetro importante para transmissão que dependa de uma garantia de que os pacotes devem ser processados em um período de tempo bem definido. O *jitter* pode ser entendido como uma variação de tempo na sequência de entrega dos pacotes devido a outras variações na rede como a latência (atraso).

O parâmetro "perda de pacotes" influencia a qualidade do serviço oferecido pela rede e pode resultar no estouro de *buffers* nos *switches* e nos roteadores. Quando se utiliza os protocolos UDP e RTP, por exemplo, os pacotes não são retransmitidos e é onde observa-se a perda de parte da informação, como, por exemplo, em uma transmissão de áudio sob demanda, onde parte deste áudio não será ouvido pelos usuários da rede. No caso de um vídeo, este vai pular uma pequena parte, como se a tela congelasse e depois de alguns segundos voltasse ao normal, mas em um outro ponto da cena. (TELECO, 2005)

Já o parâmetro "vazão" ou *throughput* pode ser definido como a banda que está efetivamente disponível para transmitir os dados. Quanto maior for o *throughput*, mais rápida será essa rede e quanto menor, mais lenta será. Em outras palavras, algumas aplicações demandam grandes vazões de dados que devem ser atendidas pela rede; caso contrário será gerado um congestionamento na rede. Ou, ainda, pode-se definir que o *throughput* é a quantidade de dados trafegados pela rede, dividido pelo tempo gasto para trafegar esses dados. (TELECO, 2005).

4.3. Categorias de Serviço em Redes IEEE802.11

Para suprir as necessidades de conteúdo multimídia nas redes IEEE 802.11 em tempo real, o padrão IEEE aprovou, em 2005, o padrão 802.11e. Esse padrão, além de implementar todas as características da MAC 802.11 original, define também a HCF – *Hibrid Coordination Function*, que implementa os métodos EDCA – Enhanced Distributed Channel Access e HCCA – Hibrid Controlled Channel Access. (FONTOLAN, 2010).

O método HCCA não determina a disputa pelo acesso ao meio É o AP que determina qual STA vai ter o acesso ao canal usando análise de priorização através do tipo de serviço prestado. Já o método EDCA, determina que as estações são quem disputa o acesso ao canal. No entanto, um AP que trabalha no método EDCA determina o suporte aos diferentes tipos de serviços das STAs, portanto, cada STA pode gerenciar no máximo quatro ACs - Access Category que deve corresponder a um tipo de serviço, com suas próprias características (FONTOLAN, 2010).

As categorias de serviço em redes IEEE802.11 são: voz, vídeo, best effort e background. A voz é a categoria que possui a prioridade mais alta porque o tráfego da voz sobre pacotes possui intolerância a atrasos e *jitter*. O vídeo possui prioridade mais baixa do que a voz, mas possui prioridades mais altas do que as outras categorias, pois é sensível a atrasos e perturbações na transmissão (FONTOLAN,

2010). A categoria de melhor esforço (*Best Effort*) possui prioridade mais alta que a categoria *Background*, mas possui prioridade mais baixa do que as duas anteriores (voz e vídeo). Corresponde ao tráfego com garantia de entrega da informação, que por sua vez é um tipo de tráfego que é tolerante à atrasos e perturbações na transmissão (FONTOLAN, 2010) O tráfego que se encaixa nesta categoria é o tráfego da Internet, que trabalha com a ideia do melhor esforço para entregar os pacotes de dados em seus respectivos destinos em um tempo hábil, não garantindo, contudo, que os pacotes de dados chegarão ao destino final (CANTÚ, 2003), caso em que se torna necessária a retransmissão até que a informação completa esteja integralizada no destino. Já a categoria Segundo Plano (*Background*) possui a prioridade mais baixa e trabalha de forma semelhante à categoria Best Effort, tolerando atrasos na transmissão de dados. Um exemplo desse tipo de categoria é o tráfego de dados em uma transmissão FTP. A Figura 14 ilustra o mapeamento de prioridades para as categorias de acesso.

Priority	UP (Same as 802.1D user priority)	802.1D designation	AC	Designation (informative)
Lowest	1	BK	AC_BK	Background
	2	—	AC_BK	Background
	0	BE	AC_BE	Best Effort
	3	EE	AC_BE	Best Effort
	4	CL	AC_VI	Video
Highest	5	VI	AC_VI	Video
	6	VO	AC_VO	Voice
	7	NC	AC_VO	Voice

Figura 14: Mapeamento de Prioridades para as Categorias de Acesso
Fonte: IEEE Std 802.11 – 2007 – (FONTOLAN, 2010)

4.4. Relação entre Qualidade de Serviço e Consumo de energia elétrica

Conforme apresentado no Capítulo 2, é de se esperar que exista uma relação entre o consumo de energia elétrica associada a redes de computadores e os parâmetros de qualidade de serviço das mesmas. Por exemplo, se uma rede de computadores dispõe de uma vazão ruim, é possível que exista um aumento do consumo de energia elétrica (quando comparado ao consumo de uma rede com boa vazão), associado à necessidade de retransmissão de dados. Esse comportamento também pode ser esperado quando se analisa a taxa de erros de bits (BER). Se essa taxa for alta é esperado que haja um aumento do consumo de energia elétrica, porque vai haver necessidade de retransmissão desses dados.

Torna-se desejável, portanto, conhecer a relação entre a variação desse consumo de energia elétrica e a variação dos parâmetros de QoS de uma rede sem fio. O capítulo que segue expõe a metodologia adotada neste trabalho para investigar essa relação.

5. METODOLOGIA

Para a realização deste trabalho, levou-se em consideração a seguinte topologia de rede ilustrada pela Figura 15.

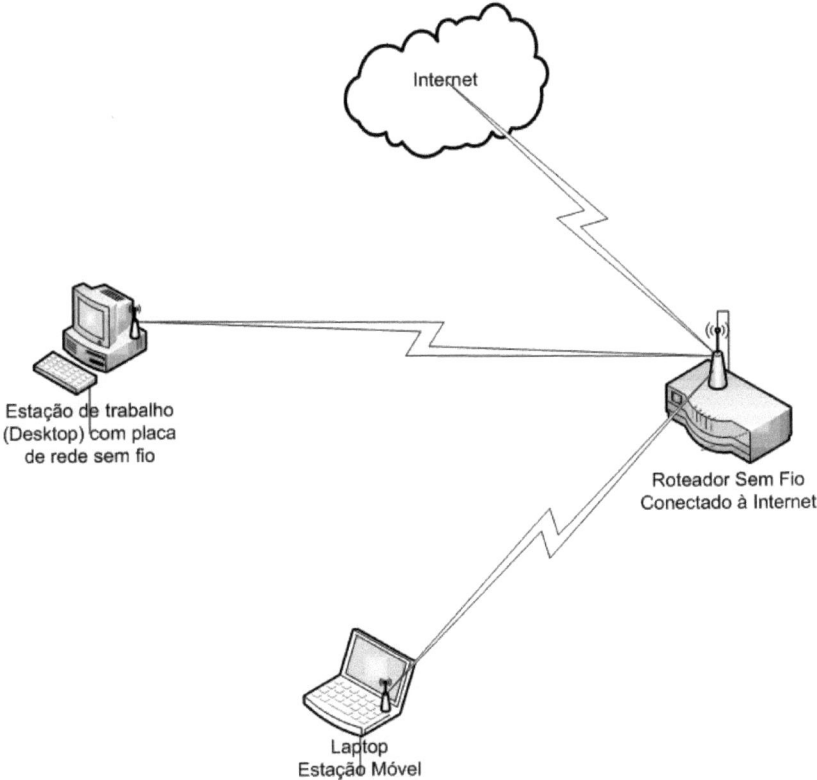

Figura 15: Topologia da Rede.

Nessa figura, os elementos do experimento montado para a coleta de dados são:

• O laptop que utiliza uma placa de rede padrão IEEE802.11g para se conectar à rede;

- A estação de trabalho sem fio que também se conecta à rede usando uma placa de rede padrão IEEE802.11g;

- O roteador sem fio que é compatível com o padrão IEEE802.11n, mas foi configurado para funcionar com o padrão 802.11g.

A principal característica que diferencia os padrões IEEE802.11b, IEEE802.11g, IEEE802.11n é a taxa máxima admitida de transmissão de dados. Neste trabalho, todos os equipamentos usam o padrão IEEE802.11g; portanto, a taxa máxima admitida no experimento foi de até 54Mbps. Embora na Figura 15 o roteador esteja conectado à Internet, deve-se levar em consideração que a nuvem representa a rede interna da PUC-Campinas. É possível navegar na Internet pelas estações envolvidas com o experimento se o servidor *proxy* da PUC-Campinas for adequadamente configurado para tanto, o que não foi necessário para a realização dos ensaios.

O objetivo do experimento realizado foi investigar se realmente existe uma relação entre o consumo de energia elétrica dos equipamentos de rede com os parâmetros de qualidade de serviço. Para este estudo, foram selecionados os seguintes parâmetros:

- Vazão ou throughput

- Jitter

- Pacotes Transmitidos

- Largura de Banda

Esses parâmetros foram escolhidos devido à sua importância na definição da Qualidade do Serviço de uma rede de comunicação. Para este contexto, vale ressaltar que o estudo realizado refere-se a uma rede Wi-Fi indoor com equipamentos encontrados facilmente no mercado, de fácil instalação e configuração, e que está presente em muitas residências brasileiras.

5.1. O Medidor de Energia

Para a realização deste trabalho foi necessário montar um experimento em laboratório que fosse capaz de medir o consumo de energia elétrica de um equipamento ao mesmo tempo em que fosse capaz de mostrar o comportamento da rede de acordo com a variação dos parâmetros de qualidade de serviço. Para a medição de energia foi utilizado um medidor de energia proprietário (*ST Microeletronics*).

5.2. Características da Placa

O medidor de energia da *ST Microeletronics* possui uma interface serial, e possibilita a comunicação entre a placa e o computador através de seu software proprietário *High And Meter*. No entanto, esse software não possui a funcionalidade de gerar um arquivo do tipo texto ou algo similar que tornasse possível automatizar o processo de medição.

Para tornar possível a realização do experimento, o medidor de energia da *ST Microeletronics* precisou ser instrumentado para a medição de energia de um laptop. A Figura16 ilustra detalhes desta instrumentação.

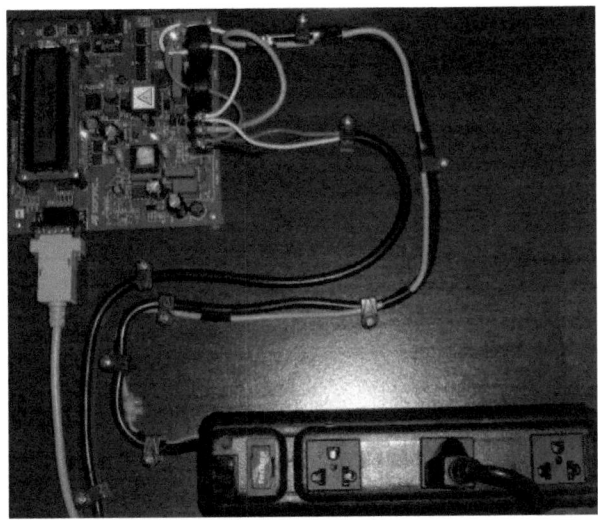

Figura 16: Medidor de energia da *ST Microeletronics*.

Conforme mostrado na Figura 16, o medidor de energia foi instalado em uma base de apoio retangular de madeira com dimensões 30cmX35cmX2cm, viabilizando também a fixação de uma régua de terminais energizados com três tomadas. As tomadas foram interconectadas ao medidor de maneira a permitir a aferição do consumo de energia elétrica de qualquer equipamento que fosse ligado às mesmas. A Figura 17 ilustra os detalhes desta conexão.

Figura 17: Detalhes da conexão elétrica do medidor de energia.

A placa foi interconectada à estação fixa através de sua porta serial e foi instalado na mesma o *software High And Meter*, que permite a visualização das informações de medição de energia através de interface gráfica própria, ilustrada na Figura 18.

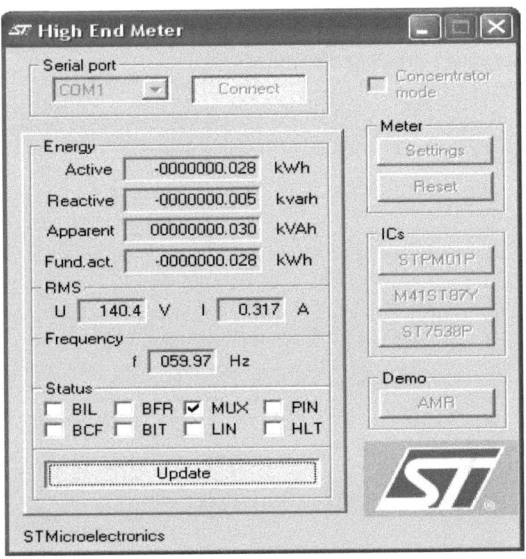

Figura 18: Interface do *Software High End Meter da ST Microeletronics.*

O Software *High And Meter* fornece os seguintes parâmetros de aferição:

- Energia Ativa (KW): trata-se de energia real, objeto de tarifação no sistema de distribuição de energia elétrica.

- "Energia Reativa" (KVAr): trata-se de abstração do próprio software, se referindo à integralização do consumo de reativos com o passar do tempo.

- "Energia Aparente" (KVA): trata-se de abstração do próprio software, se referindo à integralização do valor da potência aparente com o passar do tempo.

- Tensão: Tensão eficaz da rede elétrica

- Corrente: corrente eficaz consumida pela carga.

- Frequência: frequência instantânea da rede elétrica

Uma vez que o software de operação do medidor de energia não permite o armazenamento dessas informações em um arquivo externo, optou-se pelo monitoramento visual da tela através de imagens fotográficas que registram, ao mesmo tempo, a interface do software High and Meter e o relógio do sistema operacional, através do software *Desktop SpyCamera*..A Figura 19 ilustra a tela de configuração do *DesktopSpyCamera*.

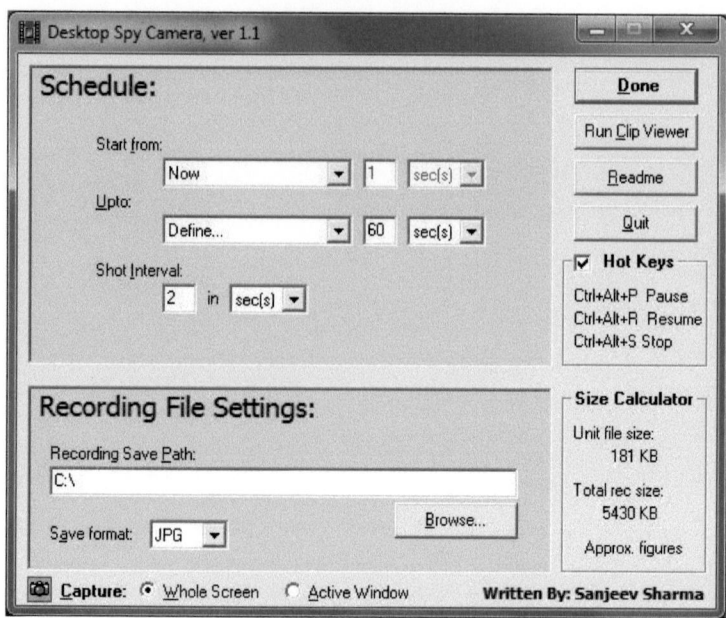

Figura 19: Interface do Desktop SpyCamera.

No experimento realizado, esse software foi operacionalizado para armazenar uma sequência de imagens conforme a ilustrada na Figura 20.

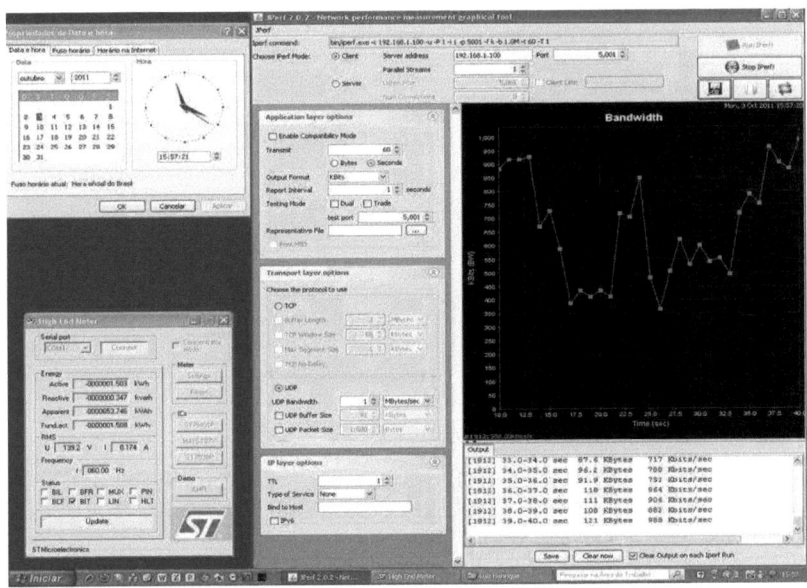

Figura 20: Foto da tela do computador tirada com o Desktop SpyCamera.

A partir da sequência de imagens armazenadas, foram extraídas manualmente, por inspeção visual, as informações para montagem do banco de dados de consumo de energia elétrica dos elementos da rede.

5.3. Topologia do experimento

A topologia adotada para este experimento foi a de uma rede sem fio que envolvesse duas estações de trabalho (sendo uma correspondente a um laptop e a outra correspondente um desktop) e um roteador sem fio. Dessa forma é possível inserir tráfego na rede usando softwares capazes de gerar tráfego e softwares capazes de capturar as características de todo o tráfego da rede desse experimento. A topologia da rede está ilustrada na Figura 21:

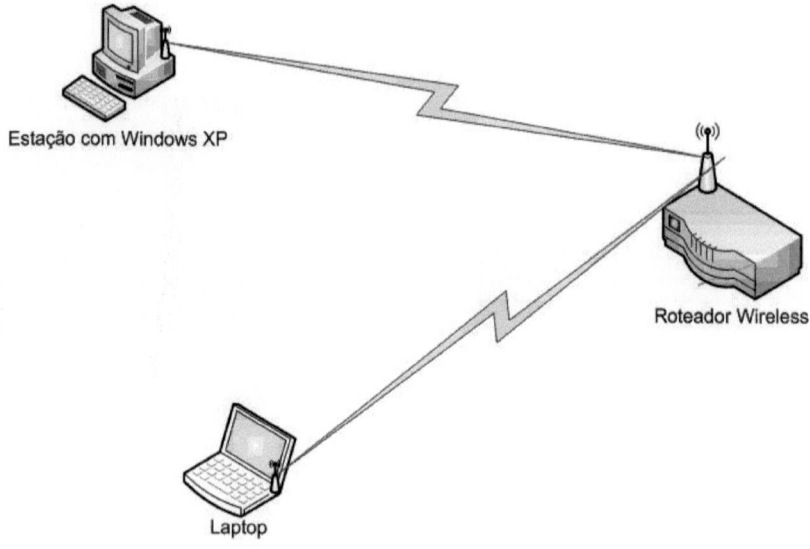

Estação com Windows XP

Roteador Wireless

Laptop

Figura 21: Topologia da Rede do Experimento.

O desktop recebeu uma placa de rede sem fio *KAIOMY – WA-150P2, Wireless Lite-N PCI-E Adapter*. Muito embora essa placa de rede implemente o suporte à tecnologia IEEE802.11n, optou-se por realizar todo o experimento usando a tecnologia IEEE802.11g porque essa é uma limitação da outra estação da rede (o laptop) usada neste experimento.

Em termos de hardware, além da placa de rede sem fio, o desktop apresenta a seguinte configuração:

- Processador Intel Core 2 Duo E7300

- Placa Mãe ASUS P5KPL-C /1600 com ChipSet Intel G31

- Memória de 2GB 400MHz

- Placa de vídeo Nvidia GeForce 7300 SE (G72)

- HD Samsung HD250HJ de 250GB, 8MB, SATA

O laptop teve a sua bateria retirada durante os testes para que a presença da mesma não interferisse no experimento, fazendo com a energia elétrica disponível para o equipamento monitorado fosse somente aquela supervisionada pelo medidor de energia e para que não comprometesse, consequentemente, a exatidão das aferições. Sua configuração de hardware é descrita a seguir:

- Processador Intel Core 2 Duo T8100

- Placa Mãe DELL Intel PM965 (crestline-PM) + ICH8M

- Memória de 4GB 333MHz

- Placa de Vídeo Nvidia GeForce 8400M GS (G86M)

- HD Fujitsu MHZ2250BJ FFS G2 de 250GB, 16MB, SATA

- Placa de Rede Intel PRO/ Wireless3945ABG Network Connection (DELL MOW2).

Por fim, foi usado um roteador TP-Link modelo TP-WR740N que embora também fosse compatível com a tecnologia IEEE802.11n, foi configurado para operar no padrão IEEE802.11g, devido à já citada limitação do laptop.

O roteador recebeu um SSID (Service Set Identifier) com o nome de "Experimento". Além disso, não foi usada criptografia de dados, modificou-se o endereço IP padrão do roteador 192.168.10.1..A faixa de distribuição de endereços usando o servidor de DHCP do próprio roteador foi:

- Inicial: 192.168.10.100

- Final: 192.168.10.110

- Máscara de rede: padrão, 255.255.255.0

- Gateway: 192.168.10.1.

A interface WAN (*WideArea Network*) do roteador não foi utilizada; consequentemente, em todos os testes realizados o roteador permaneceu dedicado a rede do experimento. As Figuras 22 e 23 mostram um breve resumo das configurações realizadas no roteador usado neste experimento.

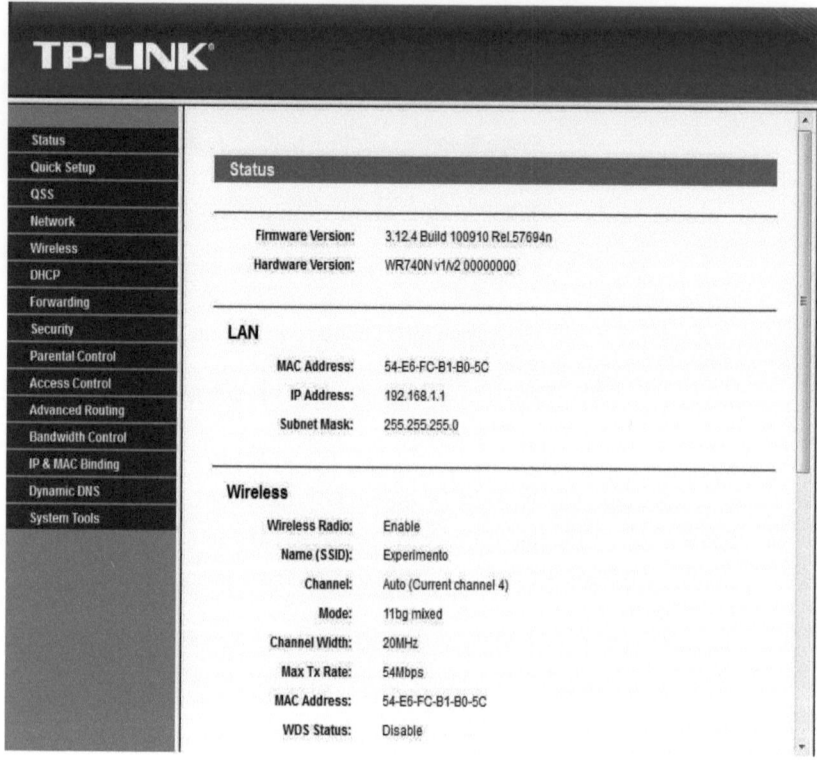

Figura 22: Resumo da configuração do roteador.

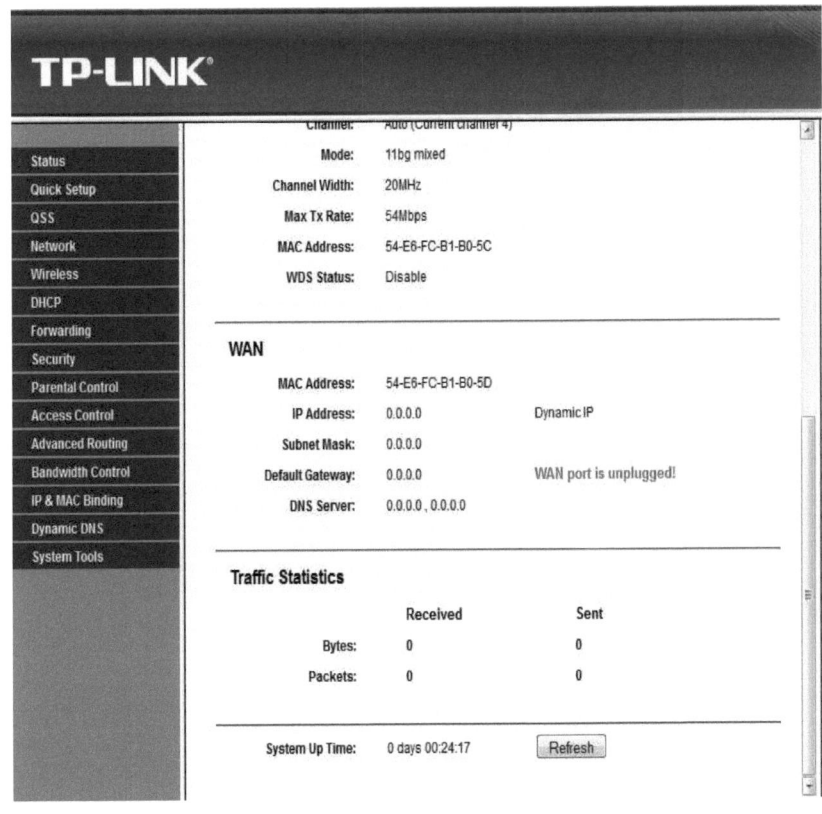

Figura 23: Resumo da configuração do roteador.

O software de captura das características do tráfego na rede utilizado foi o JPERF, nas suas versões servidor (responsável por gerar o tráfego na rede) e cliente (responsável por monitorar e capturar as características do tráfego gerado pela versão servidor). Esse software foi escolhido, pois está disponível gratuitamente na rede, possui interface gráfica amigável e é capaz de fornecer sob a forma de relatório as informações desejadas sobre os parâmetros de qualidade de serviço. A configuração do JPERF cliente está explicitada na figura 24.

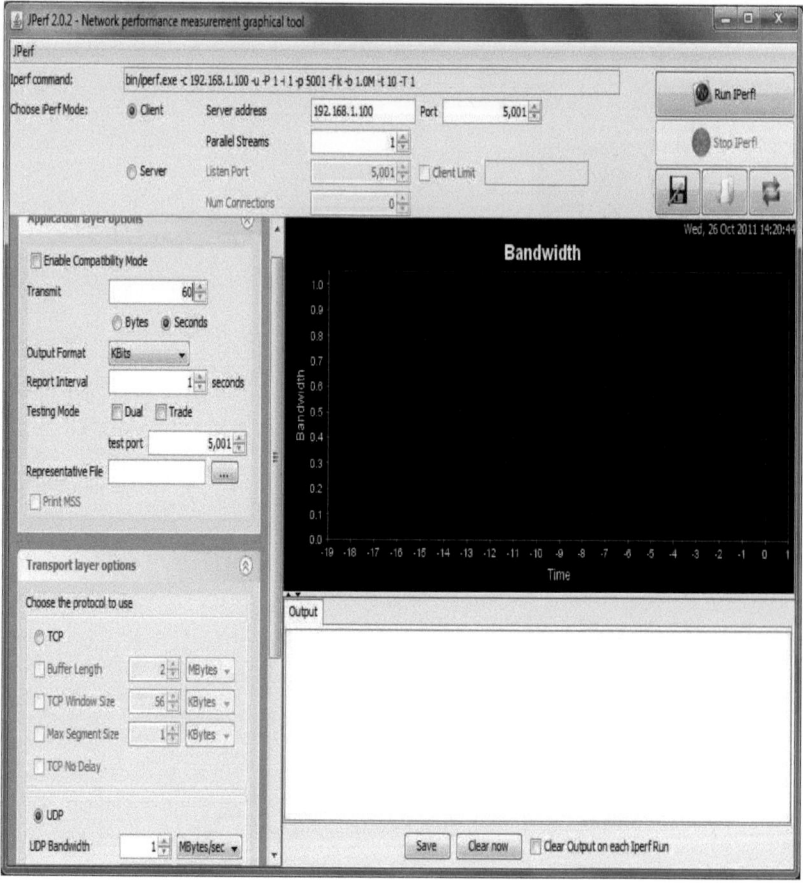

Figura 24: Interface Gráfica do JPERF – Configuração do cliente.

A configuração do JPERF Cliente é definida pelos seguintes passos:

- Selecionar a opção de cliente;

- Informar o endereço IP do Servidor JPERF;

- Informar o intervalo de transmissão de dados (transmissão de 1 em 1 segundo durante 60 segundos)

- Selecionar o protocolo UDP como protocolo de transmissão de dados;

O protocolo UDP foi escolhido por não exigir checagem de pacotes, ou seja, ele não verifica se os pacotes transmitidos realmente chegaram, e também por ser um protocolo bastante usado na rede para transmitir vídeo sob demanda.a configuração do JPERF Servidor está sendo explicada na figura 25.

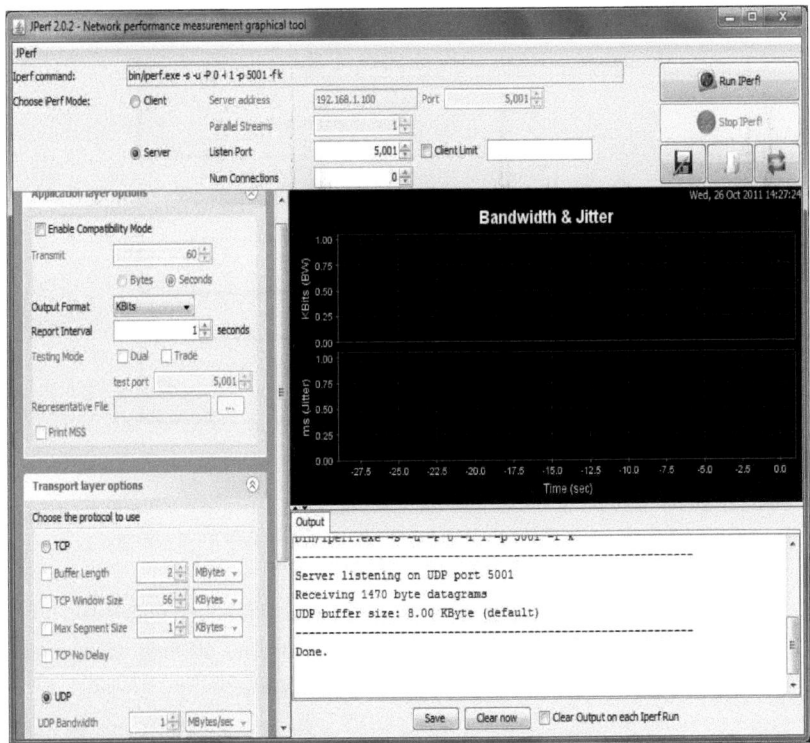

Figura 25: Interface Gráfica do JPERF – Configuração do servidor

A configuração do JPERF servidor é mais simples que a configuração do cliente: seleciona-se a opção *server*, seleciona-se o protocolo UDP cliente inicia-se a operação do servidor.

O software *WIRESHARK* foi selecionado para servir de *sniffer* de rede e assim capturar os dados transmitidos pelo JPERF. Esse software é capaz de capturar os pacotes transmitidos e informar as condições da transmissão para que seja possível relacionar a qualidade da transmissão de dados com o consumo de energia elétrica do laptop.

O fluxograma representado pela figura 26 ilustra os passos necessários para começar o experimento, ou seja, mostra o que deve ser feito antes de iniciar a coleta dos dados efetivamente.

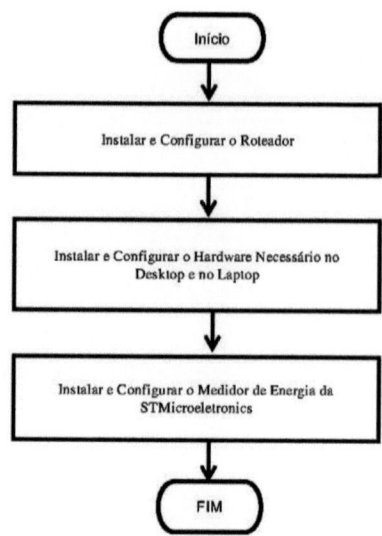

Figura 26: Fluxograma para preparação do ambiente.

A Figura 27, ilustra a coleta dos dados, lembrando que, neste momento, os dados ainda estão fora de um banco de dados, ou seja ainda precisam ser trabalhados para posteriormente serem estudados.

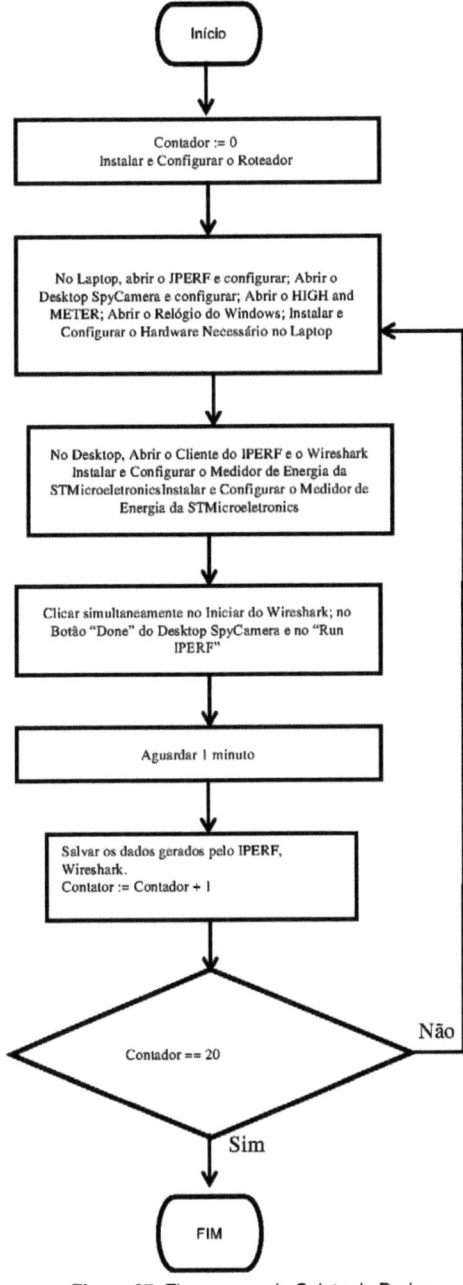

Figura 27: Fluxograma da Coleta de Dados

Por fim, a Figura 28 ilustra um fluxograma que executa o planilhamento dos dados, tornando então possível a análise dos dados A Figura 28 ilustra, ainda, os cálculos matemáticos que foram realizados para se chegar nos resultados apresentados no próximo capítulo deste trabalho.

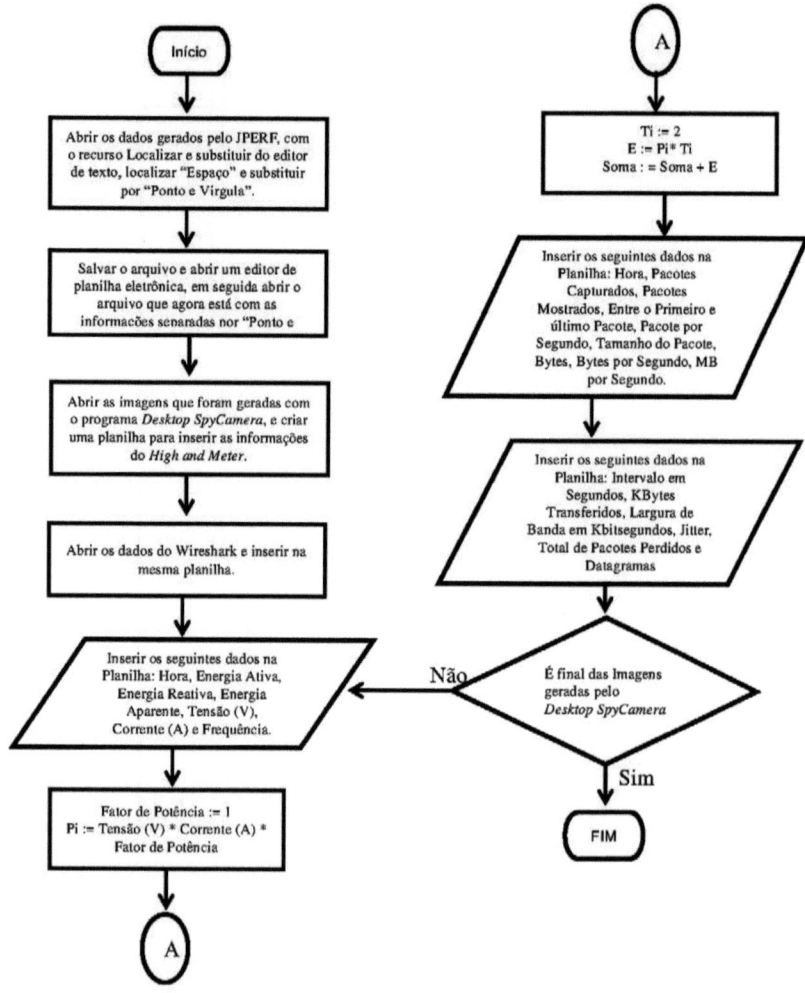

Figura 28: Fuxograma do planilhamento dos dados e dos Cálculos Matemáticos.

6. RESULTADOS

Como já citado, o experimento realizado em laboratório consistiu em montar uma bancada semelhante àquela apresentada no anexo D, que apresenta uma estrutura básica com uma versão diferenciada de configuração de hardware e software, mas com o mesmo propósito de verificar o consumo de energia elétrica em uma rede de comunicação de dados. Mais especificamente, a bancada utilizada neste trabalho exigiu a montagem e na configuração da rede ilustrada na Figura 29.

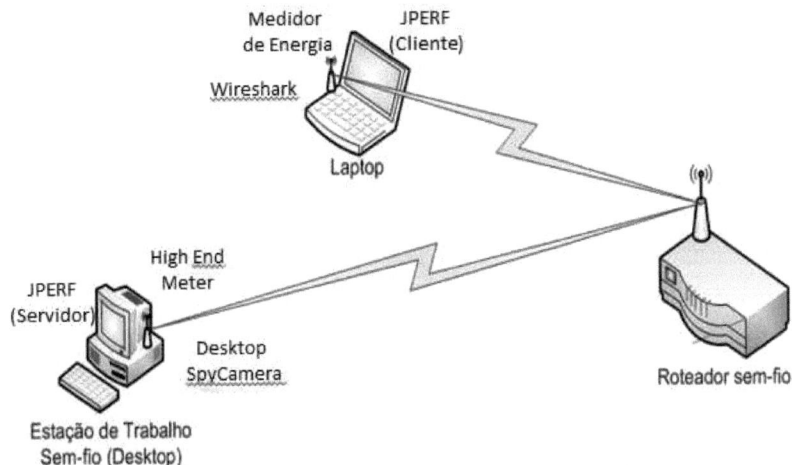

Figura 29: Topologia da Rede usada no Experimento.

Após a finalização da montagem da rede, tornou-se possível trafegar os dados relativos ao experimento e armazenar as informações da comunicação e consumo de energia elétrica para serem analisadas posteriormente. Também conforme citado anteriormente, o processo de coleta de dados não foi automatizado. Assim, o software Desktop SpyCamera, teve que ser configurado no desktop, conforme detalhado no capítulo 5 deste trabalho. Ao mesmo tempo em que as fotos da tela do computador foram capturadas, o JPERF introduzia tráfego na rede, o High And Meter marcava o consumo de energia elétrica naquele instante, e o Wireshark armazenava as condições em que a rede se encontrava no mesmo momento. As informações foram coletadas em ciclo de repetição de 40 vezes. Foi fixado um período de 1 minuto por ciclo de repetição e nesse período de um minuto foram coletadas 30 amostras de dados das condições da rede, com um intervalo de 2 segundos entre uma amostra e outra.

Os dados assim obtidos foram filtrados para eliminar o efeito de predefinição de largura máxima de banda requerida pelo software JPERF. Esta predefinição, que é uma limitação do software, causa um acumulo de pontos com diversos valores de energia associados a um mesmo valor de banda limite, distorcendo o modelo. Foi aplicado também na massa de dados um segundo filtro para eliminação de erros grosseiros na amostra, isentando o modelo final do efeito de pontos localizados a uma distância maior que 3 vezes o desvio padrão da amostra em relação à sua reta média.

O experimento assim configurado permitiu a coleta de dados, apresentados na forma de gráficos, conforme ilustram as Figuras 30, 31, 32 e 33. Esses gráficos evidenciam a existência de uma relação entre o consumo de energia elétrica e os parametros de QoS em redes IEEE802.11. A Figura 30 ilustra a relação entre o consumo de energia elétrica da rede e a vazão pela rede através do enlace de dados sem fio.

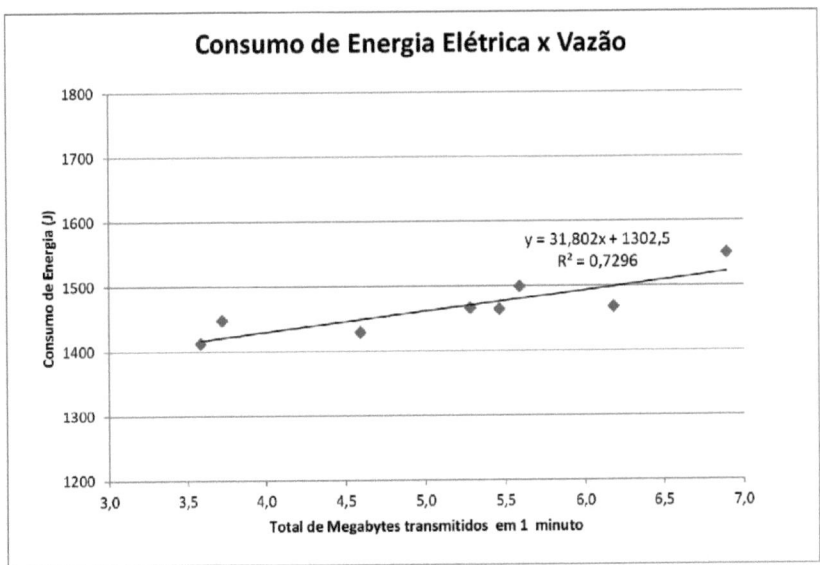

Figura 30: Relação entre Consumo de energia elétrica x Vazão na rede do Experimento.

Observa-se na Figura 30 que, conforme ocorre um aumento da quantidade de bytes transmitidos, ocorre, também, um aumento no consumo de energia elétrica. A relação entre essas grandezas (consumo de energia elétrica e quantidade de bytes transmitidos) foi modelada a partir de uma reta do tipo $y = a.x + b$, identificada utilizando técnica de regressão linear. A reta identificada por essa técnica está representada graficamente na Figura 30 e através da expressão $y = 31,802x + 1302,5$ também ilustrada nessa mesma figura. O coeficiente angular da reta é igual a 31, ou seja, $a = \frac{\Delta y}{\Delta x} = 31$. Assim, para $\Delta x = 1Mbyte, \Delta y = 31J$, o que significa que a transmissão de cada 1Mbyte está associada a um consumo de energia elétrica de 31J.

O intercepto (parâmetro b) corresponde a 1302,5, ou seja, é uma medida do consumo da estação em stand-by que deve se situar em torno de 1302,5J sem a presença de comunicação. Portanto, a diferença entre a energia associada a qualquer ponto da reta na presença de comunicação e o intercepto pode ser considerada o consumo de energia associado à comunicação.

Como ficou evidenciado no gráfico da figura 30, quanto maior for a vazão (quantidade de bytes transmitidos), maior será o consumo de energia elétrica pela rede do Experimento. A razão dessa relação é que se a rede está trafegando um volume grande de bytes, então o esforço exigido para transmitir esses dados é grande, demandando, consequentemente, maior quantidade de energia para realizar o trabalho.

A Figura 31 ilustra a relação entre o consumo de energia elétrica da rede e a Quantidade de Pacotes Transmitidos pela rede, através do enlace de dados sem fio.

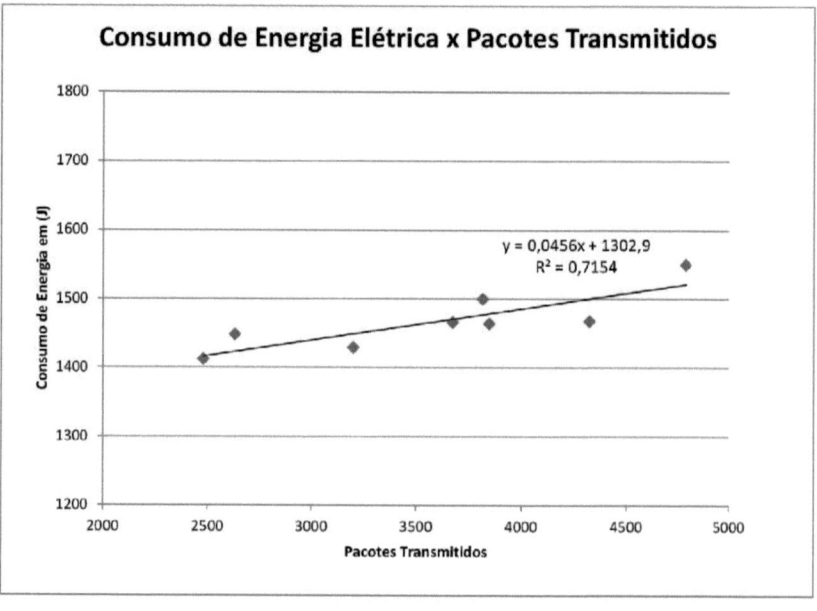

Figura 31: Relação entre consumo de energia elétrica x Quantidade de Pacotes Transmitidos na rede do Experimento.

Observa-se na Figura 31 que, conforme ocorre um aumento da quantidade de pacotes transmitidos, ocorre, também, um aumento no consumo de energia elétrica. A relação entre essas grandezas foi modelada a partir de uma reta do tipo $y = a.x + b$, identificada utilizando técnica de regressão linear. A reta identificada por essa técnica está representada graficamente na Figura 31 e através da expressão $y = 0,0456x + 1302,9$, também ilustrada nessa mesma figura. Nessa expressão, o parâmetro a = 0,0456 corresponde ao coefieciente angular da reta e b = 1302,9 corresponde ao intercepto (ordenada para x nulo) dessa mesma reta.

A tendência do aumento do consumo de energia elétrica em relação à quantidade de pacotes transmitidos na rede se dá pelo fato de que quanto maior for à quantidade de pacotes para a rede transmitir maior será o seu esforço e consequentemente a rede apresentará um aumento no consumo de energia elétrica.

A Figura 32 ilustra a relação entre o consumo de energia elétrica da rede e a Largura de Banda em Kilobits por segundo, através do enlace de dados sem fio.

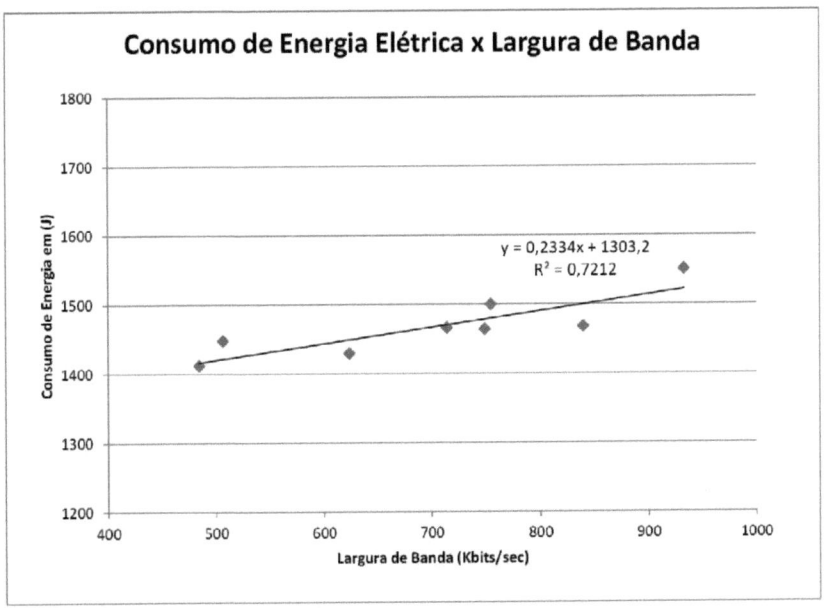

Figura 32: Consumo de energia elétrica x Largura de Banda em Kilobits por Segundo no enlace de dados sem fio do Experimento.

Observa-se na Figura 32 que, conforme ocorre um aumento da largura de banda do enlace, ocorre, também, um aumento no consumo de energia elétrica. A relação entre essas grandezas foi modelada a partir de uma reta do tipo $y = a. x + b$, identificada utilizando técnica de regressão linear. A reta identificada por essa técnica está representada graficamente na Figura 32 e através da expressão $y = 0,2334x + 1303,2$, também ilustrada nessa mesma figura. Nessa expressão, o parâmetro a = 0,2334 corresponde ao coefieciente angular da reta e b = 1303,2 corresponde ao intercepto (ordenada para x nulo) dessa mesma reta.

A tendência do aumento do consumo de energia elétrica em relação à Largura de Banda do Enlace da rede se dá pelo fato de que quanto maior for à largura de banda do enlace maior será a quantidade de bytes transmitidos por este enlace e, consequentemente, maior será o seu esforço, resultando em um aumento no consumo de energia elétrica.

A Figura 33 ilustra a relação entre o consumo de energia elétrica da rede e o Jitter que esta rede sofreu durante a transmissão de dados através do enlace de dados sem fio.

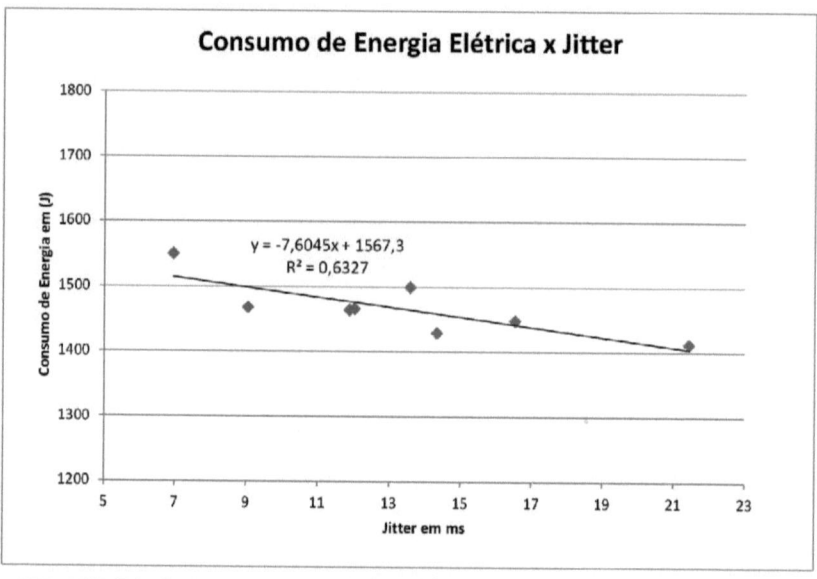

Figura 33: Relação entre consumo de energia elétrica e Jitter em milissegundos no enlace de dados sem fio do Experimento.

Da análise da Figura 33, pode-se obsevar que o aumento do Jitter no enlace está associado a um decaimento do consumo de energia elétrica. Esse fenômeno pode ser explicado como se segue.

Como o *Jitter* corresponde à variação do atraso que os bits sofrem no meio de transmissão, pode-se entender que o aumento desse parâmetro não implica em aumento do consumo de energia elétrica, uma vez que não há necessidade de retransmissão de dados, ou seja, o parametro *jitter* não contribui para um aumento no consumo de energia elétrica da rede.

A relação entre essas grandezas (consumo de energia elétrica e *Jitter*) foi modelada a partir de uma reta do tipo $y = a.x + b$, identificada utilizando técnica de regressão linear. A reta identificada por essa técnica está representada graficamente na Figura 33 e através da expressão $y = -7,6045x + 1567,3$, também ilustrada nessa mesma figura. Nessa expressão, o parâmetro a = $-7,6045$ corresponde ao coefieciente angular da reta e b = 1567,3 corresponde ao intercepto (ordenada para x nulo) dessa mesma reta.

Finalmente, é importante destacar que outras famílias de modelos também foram investigadas para determinação da relação entre consumo de energia elétrica e parametros de QoS. Em todas elas, as relações observadas nas figuras 30, 31, 32 e 33, em relação ao aumento ou diminuição da energia consumida da rede se mantiveram, quando consideradas as mesmas formas de variação dos parametros de QoS de interesse. Essas famílias estão descritas no anexo C.

7. CONCLUSÃO

A partir da análise dos resultados advindos dos experimentos, pode-se concluir que existe uma relação entre os parâmetros de QoS estudados nesse trabalho (largura de banda, bytes transmitidos, pacotes transmitidos e *jitter*) e o consumo de energia elétrica na rede IEEE802.11 implementada.

Os resultados obtidos demonstram que existe uma relação de proporcionalidade entre os parâmetros largura de banda, bytes transmitidos e pacotes transmitidos e o consumo de energia elétrica na rede IEEE802.11, uma vez que o aumento de um desses parâmetros acarreta no crescimento do consumo de energia elétrica da rede. Com relação à quantidade de bytes transmitidos, essa relação com o consumo de energia elétrica se deve ao fato de que quanto maior for o volume de bytes a ser transmitido pela rede, maior será o seu esforço e como consequência desse esforço adicional, haverá um aumento no consumo de energia elétrica pela rede.

O mesmo pode ser observado quando o consumo de energia elétrica foi relacionado à quantidade de pacotes transmitidos pela rede, ou seja, quanto maior for a quantidade de pacotes transmitidos pela rede, maior será o esforço da rede e, consequentemente, maior será o consumo de energia elétrica pela rede.

No caso da largura de banda, quanto maior for a largura de banda, mais dados a rede pode trafegar e, dessa forma, maior será seu consumo de energia elétrica.

Os experimentos também demonstraram que existe uma relação entre o parâmetro *Jitter* e o consumo de energia elétrica na rede, mas, diferentemente do que acontece com os demais parâmetros de QoS analisados, o crescimento do *Jitter* está relacionado ao decrescimento do consumo de energia elétrica na rede. Isso se dá pelo fato do *Jitter* representar a tolerância em relação à variação do atraso que a informação sofre ao longo do meio físico de transmissão da rede; uma maior tolerância à variação deste atraso significa que mais informações podem chegar ao seu destino sem a necessidade de retransmissão dos dados. Como consequência, se é possível uma redução na retransmissão de dados, será demandado um esforço menor por parte da rede, o que impactará em uma possível redução no consumo de energia elétrica.

Dessa maneira, os resultados apresentados nessa dissertação apontam para a possibilidade de existência de diferentes tendências de relacionamento entre os diversos parâmetros de QoS e o consumo de energia elétrica em redes IEEE802.11. Os ensaios foram realizados em uma rede de pequeno porte, e com baixo tráfego de dados. Para que os resultados desse trabalho possam ser generalizados, é necessária a realização de estudos em redes médio e grande portes, com maior tráfego de dados, permitindo a análise da influência dos parâmetros de QoS no consumo de energia elétrica em redes comerciais.

Como sugestão para trabalhos futuros, pode-se destacar a necessidade de análise de outros parâmetros de QoS, como por exemplo, outras taxa de erros na rede (BER e FER) e a latência. Mais ainda, futuramente, pode se investigar a relação entre parâmetros de QoS e o consumo de energia elétrica também em redes óticas e em redes padrão Ethernet.

8. REFERÊNCIAS

ANDERSEN, J. B.; RAPPAPORT, T. S.; YOSHIDA, S. (1995) *Propagation measurements and models for wireless communications channels.* IEEE Communications Magazine, New York, v. 33, n. 1, p. 42-49, 1995.

BRANQUINHO, O. C.; REGGIANI, N.; FERREIRA, D. M. (2006) *Mitigating 802.11 MAC Anomaly Using SNR to Control Backoff Contention Window.* In: IEEE Computer Society, v.4, p.55-61,2006.

CANTÚ, EVANDRO, (2003) *Apostila do Curso de Telecomunicações,* CEFET/SC – Unidade São José.

CARR, N. (2009) *Como se destacar na era do computador onipresente.* HSM Online, 02/12/2009. Disponível em: <http://www.hsm.com.br/artigos/nicholas-carr-como-se-destacar-na-era-do-computador-onipresente>
Acesso em: 17 nov. 2011.

CAVALIN, GERALDO E CERVELIN, SEVERINO, (2002) *Instalações Elétricas Prediais,* Editora Érica 7° Edição.

CIA World Factbook. (2011). Disponível em: <https://www.cia.gov/library/publications/the-world-factbook/>.
Acesso em: 16 nov. 2011

CHAMBRIARD, M. (2010) *O Potencial do Pré-Sal.* ANP - Agência Nacional do Petróleo, Gás Natural e Biocombustíveis. Abril de 2010, pg. 5-28. Disponível em: <http://www.aneel.gov.br/arquivos/PDF/Apresentacao_forum_de_reguladores_29_04_2010_%28Palestra_ANP%29.pdf>
Acesso em: 17 nov. 2011.

BRASIL, BRASÍLIA. *Decreto de 08 dez 1993 (1993). Dispõe sobre a criação do Selo Verde de eficiência energética. 172° da Independência e 105° da República.*

Disponível em: <http://www6.senado.gov.br/legislacao/ListaPublicacoes.action?id=138586> Acesso em 02 mar 2012.

DIEESE. A (2008) crise financeira recente: fim de um padrão de funcionamento da economia mundial?. DEPARTAMENTO INTERSINDICAL DE ESTATÍSTICA E ESTUDOS SOCIOECONÔMICOS, Nota Técnica Número 78, pg. 2-5, Outubro de 2008. Disponível em: <http://www.fup.org.br/downloads/notatec78-Crise-Financeira-Atual.pdf> Acesso em: 17 nov. 2011.

E.800, (1994) Qualityof Service and Dependability Vocabulary, ITU-TS, Ago. 94. Disponível em: < http://www.itu.int/en/pages/default.aspx > Acesso em 03 fev 2012.

FONTOLAN, L. F. (2010). Política de QoS para Redes IEEE802.11 com seleção de taxa de serviço baseada em índice de justiça. Dissertação de Mestrado (Mestrado profissional em Gestão de redes Telecomunicações) – Pós-Graduação em Engenharia Elétrica, Centro de Ciências Exatas, Ambientais e de Tecnologias, Pontifícia Universidade Católica de Campinas – PUC-Campinas.

GUIRARDELLO, M. (2008). Política de QoS com Priorização de Acesso ao Meio para Redes IEEE 802.11. 2008. Dissertação (Mestrado profissional em Gestão de Redes de Telecomunicações) – Pós-Graduação em Engenharia Elétrica, Centro de Ciências Exatas, Ambientais e de Tecnologias, Pontifícia Universidade Católica de Campinas, Campinas.

HASHEMI, H. (1993) The indoor propagation channel. IEEE, New York, v. 81, n. 7, Jul. 1993.

HOLMA, H.; TOSKALA, A. (2000) WCDMA for UMTS: radio access for third generation mobile communications. Hoboken: John Wiley, 2000.

I.350, (1993) *General Aspects of QOS and NP in Digital Networks, including ISDNs,* ITU-TS, Mar 93. Disponível em < http://www.itu.int/en/pages/default.aspx> Acesso em 03 fev 2012.

IMF - INTERNATIONAL MONETARY FUND. (2011). *OIL SCARCITY, GROWTH, AND GLOBAL IMBALANCES. WORLD ECONOMIC OUTLOOK: TENSIONS FROM THE TWO-SPEED RECOVERY,* CHAPTER 3, Abril de 2010, pg. 89-122. Disponível em: < http://www.imf.org/external/pubs/ft/weo/2011/01/pdf/c3.pdf > Acesso em: 24 jun. 2011.

INTERNATIONAL TELECOMMUNICATION UNION. *ITU-R P.1238:* (2008) *Propagation data and prediction models for the planning of indoor radio communication systems and radio local area networks in the frequency range 900 MHz to 100 GHz.* Geneva: ITU-R, 2008.

MACHADO, EVANDRO LUIZ; PEDROSO, JUSSSARA (2005) *Proposta de uma Rede de Dados de Baixo Custo Visando a Inclusão Digital* – Curso de Graduação em Engenharia Elétrica, do Setor de Tecnologia da Universidade Federal do Paraná, 2005. Disponível em:
< http://www.eletrica.ufpr.br/mehl/te155/Proposta_rede_baixo_custo.pdf >
Acesso em 15 Nov. 2011.

MOTA, SUSANA DE JESUS (2003) *Caracterização do Canal de Propagação Direccional em Banda Larga para Sistemas Rádio Móvel* – Dissertação de Mestrado em Engenharia Eletrônica e Telecomunicações, Universidade de Aveiro, 2003. Disponível em:<http://ria.ua.pt/bitstream/10773/4651/1/TeseMest_Final.pdf>
Acesso em 15 nov. 2011.

MOTA, L.T.M.; MOTA, A. A.; RANDON, R.G. (2011) *Determinação da Atenuação de Sinais em Ambientes Indoor Via Lógica Nebulosa* – Semana de Ciências Exatas e Tecnológicas, Londrina, 2011.

NEWING, R. (2010) *Powerfulargument for cutting IT energyconsumption.* GREEN INNOVATION & DESIGN, pg. 2, FINANCIAL TIMES SPECIAL REPORT -

ThursdaySeptember   16   2010.   Disponível   em: <
http://www.ft.com/cms/s/0/4e926678-bf90-11df-b9de-
00144feab49a.html#axzz1QTrdtQL1 >
Acesso em: 16 nov. 2011.

SILVA, Ana (2011) NOTA POSITIVA, *Produção de ondas de Rádio* Disponível em:
<http://www.notapositiva.com/pt/trbestbs/fisica/11_producao_de_ondas_de_radio_
d.htm#vermais >
Acesso em 01 dez 2011.

OLIVEIRA, K. S. L. (2008) *Avaliação da instabilidade da modulação em diferentes ambientes*. 2008. Dissertação (Mestrado em Engenharia Elétrica) - Programa de Pós-Graduação Stricto-Sensu – Pontifícia Universidade Católica de Campinas, Campinas.

Oliveira, Vitor C; Procopio, Edson T; Mota, Alexandre de A; Mota, Lia T M: (2011) *Benefícios em Eficiência Energética com o uso de Thin Clients em uma arquitetura cliente Servidor*. COBENGE 2011 XXXIX Congresso Brasileiro de Educação em Engenharia, Blumenau/SC

PORTAL SÃO FRANCISCO (2009) *Poluição do Ar*. Disponível em: <
http://www.portalsaofrancisco.com.br/alfa/meio-ambiente-poluicao-do-ar/poluicao-do-ar.php >
Acesso em 15 Nov, 2011.

RAPPAPORT, T. S. (2002) Wireless *communications-principles and practice*. UpperSaddle River: Prentice Hall, 2002.

RONDON GONZÁLEZ, RINA GRACIELA (2009): *Análise de Atenuação de Sinal em Ambientes Indoor Usando Lógica Nebulosa* – Dissertação de Mestrado Profissional em Gestão de Redes de Telecomunicações, Pontifícia Universidade Católica de Campinas – PUC-CAMPINAS, 2009. Disponível em <
http://www.bibliotecadigital.puc-campinas.edu.br/tde_busca/arquivo.php?codArquivo=606&PHPSESSID=b4dfea5
8901ac0c055ab030cbe036ea3 >

Acesso em 04 out 2011.

SARKAR, T. K.; ZHONG, J.; KYUNGJUNG, K.; MEDOURI, A.; SALAZAR-PALMA, M. A (2003) *Survey of various propagation models for mobile communication. IEEE antennasandpropagation magazine,* New York, v. 45, n. 3, Jun. 2003.

SKLAR, S. (1997) *Rayleigh fading channels in mobile digital communication system:* part I: characterization. *IEEE Communications Magazine,* New York, p. 90-100, Jul. 1997.

Souza, J.M. (2005) TELECO: *Qualidade de Serviço (QoS) I: Dependabilidade-* Disponível em <http://www.teleco.com.br/tutoriais/tutorialqos/default.asp> Acesso em 03 fev 2012.

VIEIRA ROCHA, J. W. (2006) TELECO - *WLAN de Alta Velocidade II:* Recomendações IEEE, Seção Tutoriais Banda Larga Disponível em: < http://www.teleco.com.br/tutoriais/tutorialredeswlanII/pagina 2.asp > Acesso em 02 fev 2012.

MENEZES, A.A., MENDES, D., GALDINO, J.S., DUQUE, L. H., MOURA, S. (2008) TELECO - *IPTV: Qualidade de Serviço e Experiência do Usuário,* Seção Tutoriais Banda Larga Disponível em: < http://www.teleco.com.br/tutoriais/tutorialqosqoe/pagina 2.asp > Acesso em 02 fev 2012.

TULLY, J. (2010) *Citação em Entrevista respondendo pelas pesquisas da empresa GARTNER de NEWING, R.: Powerfulargument for cutting IT energyconsumption.* GREEN INNOVATION & DESIGN, pg. 2, FINANCIAL TIMES SPECIAL REPORT - ThursdaySeptember 16 2010. Disponível em:< http://www.ft.com/cms/s/0/4e926678-bf90-11df-b9de00144feab49a.html#axzz1QTrd tQL1 > Acesso em: 17 nov. 2011.

UNRIC – ONU (2012) – *Centro de Informação das Nações Unidas: O mundo tem de combater o consumo excessivo de energia e recursos, adverte grupo de peritos da ONU*, 2012. Disponível em: < http://www.unric.org/pt/actualidade/28220-o-mundo-tem-de-combater-o-consumo-excessivo-de-energia-e-recursos-adverte-grupo-de-peritos-da-onu > Acesso em 15 Nov, 2011.

YARKONI, N.; BLAUNSTEIN, N. (2006) *Prediction of propagation characteristics in indoor radio communication environments*. Progress In Electromagnetics Research, Kuala Lumpur, v. 59, p. 151–174, 2006.

ZYREN, J.; PETRICK, A. (1998) Tutorial on *Basic Link Budget Analysis*. *In:* Application Note, NA(*)$.!, INTERSIL, 1998.

Anexo A – Conceitos Básicos de Energia Elétrica

A. 1. CONCEITOS BÁSICOS DE ENERGIA ELÉRTICA

Segundo a referência (CAVALIN; CERVELIN, 2002), "corrente elétrica é o movimento dos elétrons no interior dos condutores elétricos que estão sob influência de uma fonte de tensão elétrica". Já a corrente elétrica pode ser definida como "a força exercida na ponta do circuito, que por sua vez serve para movimentar de forma ordenada os elétrons livres".

Pode-se afirmar que potência é a taxa de energia fornecida ou consumida por um equipamento ao longo do tempo, conforme descrito na Equação (5).

$$P(t) = \frac{d}{dt} e(t) \qquad (5)$$

Onde:

- e(t) é a energia fornecida ou consumida por um elemento em função do tempo.

- P(t) é potência instantânea do elemento.

A potência associada a um equipamento elétrico é dada pela equação:

$$P(t) = v(t).i(t) \qquad (6)$$

Onde:

- P(t) é a potência elétrica instantânea do equipamento no instante t;

- v(t) é a tensão instantânea nos terminais do equipamento no instante t;

- i(t) é a corrente instantânea que percorre o equipamento no instante t.

Consequentemente, a energia consumida pelo equipamento, a partir das Equações (5) e (6), é dada pela Equação (7).

$$e(t) = \int_0^t p(t)dt = \int_0^t v(t).i(t)dt \qquad (7)$$

Anexo B – Compilação de dados do Experimento

B. 1. COMPILAÇÃO DE DADOS DO EXPERIMENTO

Hora	Kbytes Transferidos	Bandwidth - Kbits/Sec	Jitter - ms	Pacotes Perdidos	Pacotes Total Transmitidos	Packets Captured	Packets Displayed	Between Fisrt and last	Avg. Packet/Sec	AVG. Packet size	Bytes	AVG. bytes/Sec	AVG. Mbit/sec	Energia
14h37	7157	993,52542	2,738661	25	5009	5310	5310	59,698	88,948	1430,439	7595629	127234,07	1,018	1332,561
14h39	7225	986,48333	2,9816	58	5090	5451	5451	66,349	82,157	1416,224	7719838	116352,31	0,931	1561,738
14h41	7283	994,73333	2,3916667	15	5089	5114	5114	58,926	86,787	1481,171	7574709	128547,13	1,028	1467,314
14h43	7301	997,23333	2,22055	4	5091	5428	5428	59,956	90,533	1423,534	7726942	128876,23	1,031	1599,776
14h45	7264	991,96667	2,1522833	28	5088	5218	5218	59,062	88,348	1429,268	7457918	126273,3	1,01	1517,785
14h47	7281	994,33333	2,0396	16	5088	5322	5322	59,3	89,747	1431,116	7616402	128438,06	1,028	1619,645
14h50	7290	995,9	2,51925	11	5091	5407	5407	59,884	90,291	1422,99	7694106	128482,97	1,028	1558,585
14h54	7300	997,36667	2,47935	6	5093	5458	5458	60,025	90,928	1407,119	7680057	127946,63	1,024	1672,252
14h57	7294	996,23333	3,0634667	9	5091	5357	5357	59,254	90,407	1425,195	7634771	128847,88	1,031	1732,16
15h00	7301	996,96667	3,6204167	12	5097	5332	5332	59,224	90,031	1430,387	7626822	128779,08	1,03	1755,741
15h02	7290	995,46667	3,4809167	14	5092	5339	5339	59,605	89,573	1435,067	7661823	128542,71	1,028	1436,816
15h04	7275	993,41667	3,6378	11	5078	5189	5189	59,675	86,955	1470,902	7632513	127901,78	1,023	1462,36
15h06	7270	993,03333	3,7161667	21	5086	5356	5356	59,6	89,865	1425,108	7632876	128068	1,025	1409,785
15h08	7290	995,56667	3,0636333	5	5083	5322	5322	59,281	89,776	1432,458	7623541	128600,14	1,029	1413,392
15h10	7297	996,48333	4,0854	11	5094	5354	5354	59,913	89,362	1430,502	7658907	127832,97	1,023	1442,216
15h12	7297	996,48333	4,0854	11	5094	5356	5356	59,655	89,783	1435,076	7686265	128845,85	1,031	1422,915
15h14	7282	994,63333	3,9427333	11	5085	5310	5310	60,072	88,394	1445,731	7676831	127793,68	1,022	1390,809
15h16	7265	992,15	4,4752	16	5077	5418	5418	58,85	92,065	1393,714	7551145	128312,29	1,026	1522,6
15h18	7242,1	988,76667	4,07245	24	5068	5318	5318	59,375	89,567	1428,62	7597400	127957,22	1,024	1398,878
15h22	7259	991	4,9591333	21	5076	5301	5301	59,491	89,106	1434,993	7606898	127866,16	1,023	1370,261
15h26	7139,6	975,08333	4,8979833	55	5029	5443	5443	59,543	91,413	1388,353	7556808	126913,91	1,015	1428,422

Hora	Kbytes Transferidos	Bandwidth - Kbits/Sec	Jitter - ms	Pacotes Perdidos	Pacotes Total Transmitidos	Packets Captured	Packets Displayed	Between Fisrt and last	Avg. Packet/Sec	AVG. Packet size	Bytes	AVG. bytes/Sec	AVG. Mbit/sec	Energia
15h29	7142	991,67797	4,4928136	23	4997	5305	5305	59,945	88,498	1441,668	7648047	127584,89	1,021	1549,283
15h31	7105,3	986,59322	4,6271186	16	4965	5262	5262	59,357	88,65	1434,047	7545955	127128,57	1,017	1445,787
15h33	7155	993,88136	3,3054237	12	4997	5414	5414	59,855	90,451	1422,356	7700636	128653,85	1,029	1448,308
15h35	7156	993,55932	3,5832881	9	4993	5351	5351	60,108	89,023	1438,747	7698737	128081,99	1,025	1521,691
15h37	7264	992,15	4,3545667	16	5077	5234	5234	60,161	87	1467,139	7679008	127640,52	1,021	1526,531
15h39	6829,7	932,85	6,9532333	30	4789	5136	5136	60,085	85,479	1407,702	7229955	120328,81	0,963	1549,779
15h41	7011	990,18966	4,0727586	33	4916	5331	5331	59,344	89,832	1427,197	7608387	128207,57	1,026	1463,354
15h43	7113	987,33898	4,3481186	50	5003	5263	5263	61,095	86,144	1433,823	7546210	123515,17	0,988	1366,538
15h46	2331,92	318,30167	30,597783	22	1646	1894	1894	59,943	31,597	1305,362	2472356	41245,217	0,33	1518,188
15h48	5437,9	754,81356	13,577034	28	3815	4089	4089	59,783	68,398	1433,608	5862022	98055,206	0,784	1499,21
15h50	3488,41	484,29153	21,438542	50	2480	2782	2782	59,691	46,607	1350,937	3758308	62963,051	0,504	1411,875
15h52	4567	623,73333	14,332517	18	3200	3456	3456	59,427	58,156	1394,123	4818090	81075,985	0,649	1428,874
15h54	3708,7	506,46667	16,533567	48	2632	2865	2865	59,126	48,455	1362,745	3904264	66032,464	0,528	1447,585
15h57	5484,6	749,11667	11,884	25	3847	4068	4068	59,255	68,652	1408,367	5729236	96687,464	0,773	1463,792
15h58	5230,2	714,43333	12,030883	27	3672	3933	3933	59,908	65,65	1407,674	5536383	92414,193	0,739	1465,681
16h00	6148,7	839,46667	9,0535	39	4322	4648	4648	59,353	78,311	1394,635	6482265	109215,06	0,874	1467,315
16h02	7024,5	958,36667	5,7528167	45	4934	5183	5183	60,036	86,332	1427,274	7397561	123218,79	0,986	1497,693
16h04	7128	989,52542	4,3335932	21	4985	5294	5294	59,3	89,275	1427,715	7558324	127458,94	1,02	1427,109

Anexo C – Famílias de Modelos investigadas para relação entre QoS e Energia.

C. 1. Famílias de Modelos

Este anexo descreve os gráficos obtidos para diferentes famílias de modelos utilizadas para investigar a relação entre energia consumida da rede e os parâmetros de QoS (vazão, pacotes transmitidos, largura de banda e *jitter*), explicitando as equações que descrevem a trajetória do consumo em relação a variação dos parâmetros.

C. 2. Modelo Linear

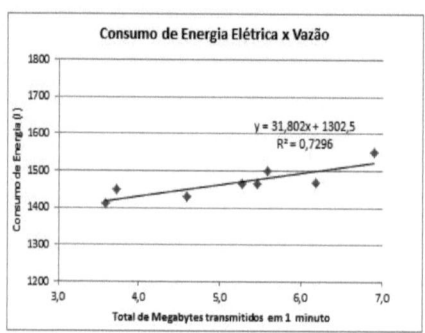
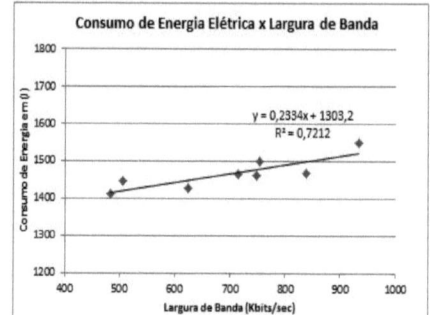

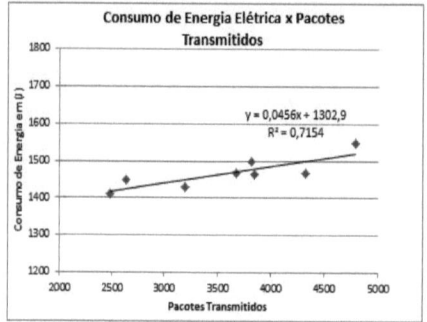
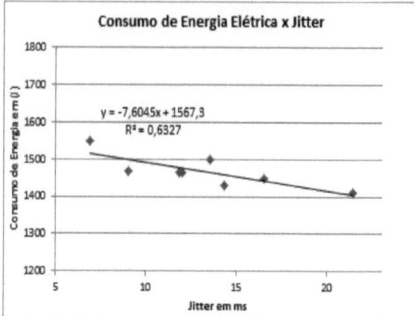

Figura C1: Modelo Linear.

C. 3. Modelo Exponencial

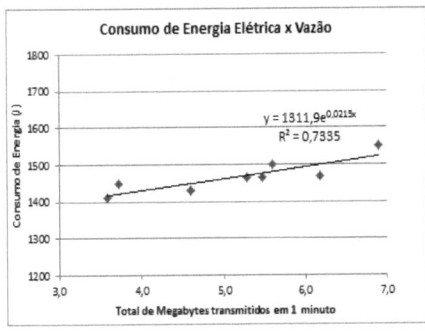
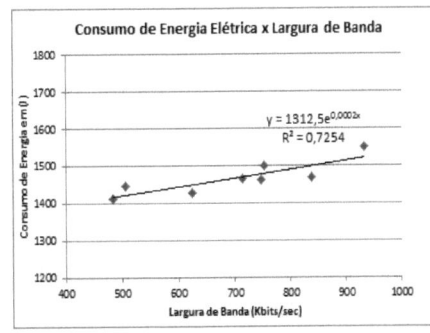
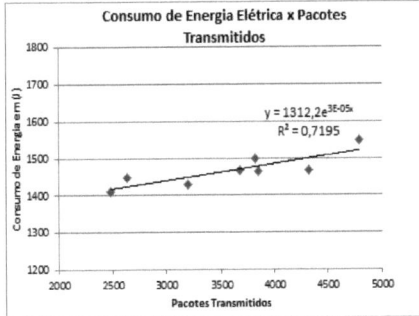
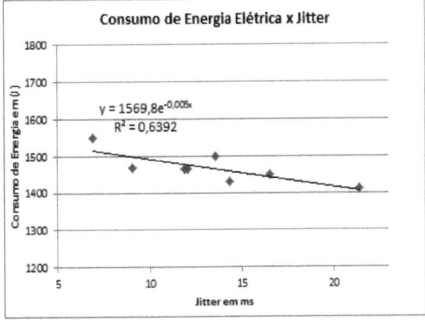

Figura C2: Modelo Exponencial.

C. 4. Modelo Logarítmico

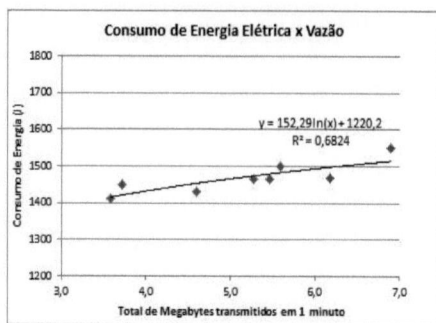
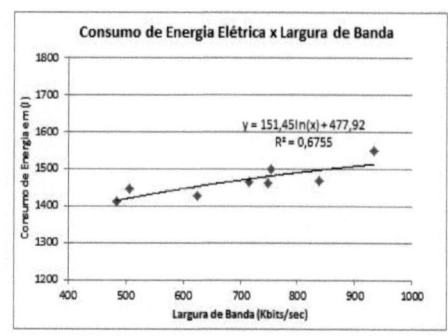
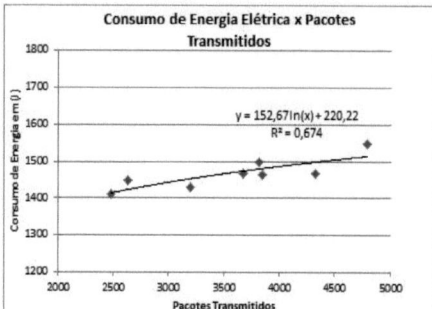
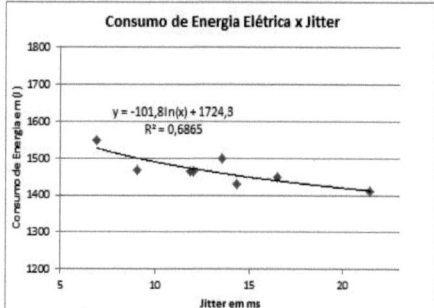

Figura C3: Modelo Logarítmico.

C. 5. Modelo Polinomial de Ordem 2

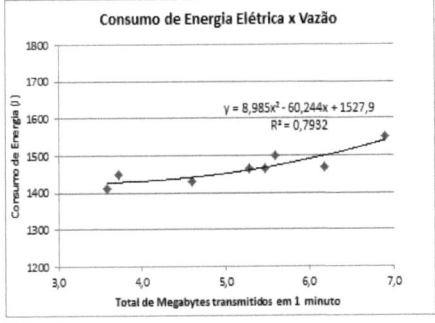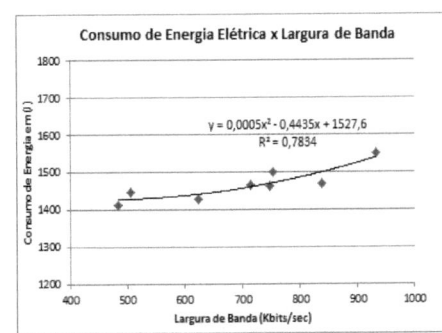

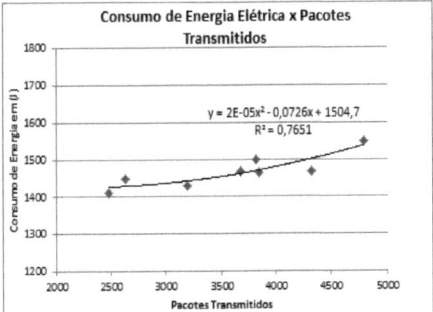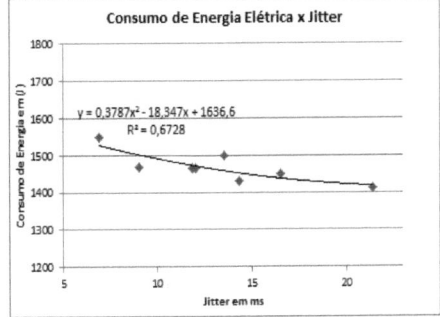

Figura C4: Modelo Polinomial de Ordem 2.

C.6. Comparação entre as famílias de modelos

A tabela C1, apresenta o valor do coeficiente de determinação na amostra (R^2) para cada uma das famílias de modelos, em relação a cada um dos parâmetros de QoS e o valor médio encontrado para cada amostra.

Tabela C1: Comparação entre as famílias de modelos

Modelo	R^2 para vazão	R^2 para largura de banda	R^2 para pacotes transmitidos	R^2 para jitter	R^2 médio para a família de modelos
Linear	0,7296	0,7212	0,7154	0,6327	0,6997
Exponencial	0,7335	0,7254	0,7195	0,6392	0,7044
Logarítmico	0,6824	0,6755	0,674	0,6865	0,6796
Polinomial de Ordem 2	0,7932	0,7834	0,7651	0,6728	0,7536

I want morebooks!

Buy your books fast and straightforward online - at one of the world's fastest growing online book stores! Environmentally sound due to Print-on-Demand technologies.

Buy your books online at

www.get-morebooks.com

Compre os seus livros mais rápido e diretamente na internet, em uma das livrarias on-line com o maior crescimento no mundo! Produção que protege o meio ambiente através das tecnologias de impressão sob demanda.

Compre os seus livros on-line em

www.morebooks.es

OmniScriptum Marketing DEU GmbH
Heinrich-Böcking-Str. 6-8
D - 66121 Saarbrücken
Telefax: +49 681 93 81 567-9

info@omniscriptum.com
www.omniscriptum.com

OMNIScriptum

MIX
Papier aus verantwortungsvollen Quellen
Paper from responsible sources
FSC® C105338
FSC
www.fsc.org

Printed by Books on Demand GmbH, Norderstedt / Germany